講談社選書メチエ

531

ドイツ観念論

カント・フィヒテ・シェリング・ヘーゲル

村岡晋一

MÉTIER

目次

序章　ドイツ観念論とは？

思想史は滔々《とうとう》と流れる大河よりもむしろ火山活動に似ている。突然大地が鳴動してマグマが噴出し、静謐《せいひつ》で平坦であった草原の光景を一変させる。それまでの河の流れを変え、隠れていた地層を隆起させる。それは一瞬の出来事なのに、その後の人びとは望むと望まざるとにかかわらず、激変した環境のもとで生きていくほかはない。

われわれはほぼ一〇〇年前の二〇世紀転換期にそうした体験をした。その主役たちはヨーロッパ、とくにドイツに同化したユダヤ人たちであった。約二〇〇〇年前に祖国を失ったユダヤ人たちは世界各地に離散し、キリスト教ヨーロッパではその宗教のゆえに迫害され、ゲットーに閉じこめられてきた。ところが、啓蒙主義と市民平等の思想にもとづいて一九世紀前半についに市民権を認められると、彼らは長年、封じこめられてきた知的才能を一気に発揮しはじめた。第一世代のユダヤ人の人生は新しい環境下で経済基盤を築きあげることに費やされたが、やがて彼らは子どもたちに一流のヨーロッパ的教養を身につけはじめる。

その結果、彼らの第二世代は自分たちの洗練された武器を使ってたちまち西洋の思想地図を塗り替えてしまう。快進撃はちょうど一九〇〇年に始まる。この年は、エドムント・フッサールの『論理学研究』とジクムント・フロイトの『夢判断』が出版された年である。これによって現象学と精神分析学の運動が開始された。二〇世紀のもっとも影響力の大きい思想運動といえばマルクス主義だが、ここでも多くのユダヤ人が活躍している。ジョルジュ・ルカーチ、エルンスト・ブロッホ、フランクフルト学派のホルクハイマー、アドルノ、ベンヤミンなどの名前がすぐに浮かぶ。分析哲学のヴィトゲンシュタイン、シンボル形式の哲学のエルンスト・カッシーラーも忘れるわけにはいかない。

ユダヤ人の活躍は哲学だけにとどまらない。ゲシュタルト心理学のヴェルトハイマー、ケーラー、コフカ、神学のパウル・ティーリヒ、絵画のカンディンスキー、クリムト、シャガール、音楽のグスタフ・マーラー、美術理論のアビ・ワールブルクとエルヴィン・パノフスキー、物理学のアインシュタインなど、その名前をあげればきりがない。

しかし、この思想運動の寿命は短かった。ナチズムによる弾圧のために、一九四〇年の段階で自分の考えを自由に表現することはおろか、息をつくことができるユダヤ人などはヨーロッパにいなくなってしまったからである。彼らが活躍できた期間はほぼ四〇年間にすぎなかった。

「ドイツ観念論」という思想運動

この運動をさかのぼることちょうど一〇〇年前にもそれに匹敵するような思想運動が同じドイツを舞台として展開された。ドイツは中世においてこそ神聖ローマ帝国として優勢を誇っていたが、それがかえって仇《あだ》となって近代化が遅れ、中世的な封建体制を温存してしまった。そのために思想家たちには政治的発言も思想の自由も許されなかった。ところが、一九世紀の転換期に突然、彼らはまったく新しい言葉を語りはじめる。そして、ひとたびその口が開かれると、そこからは次々に壮大な哲学体系が紡ぎだされていった。カント、フィヒテ、シェリング、ヘーゲルといっただれもが知っている哲学者たちが次々に登場して、それ以後のヨーロッパ思想の流れを決定づけることになる。しかも、この思想の奔流もまた、カントの『純粋理性批判』が出版された一七八一年から、ヘーゲル最後の著書『法哲学』が刊行された一八二一年までの四〇年間に起こったことにすぎない。「ドイツ観念論」こそがこの運動の名称である。この運動がどれほどの圧倒的な生産力をもっていたかは、わずか四〇年間にどれほど多くの著作が登場したかを概観してみればただちにわかる。以下に主なものを列挙してみよう。

一七八一年　カント『純粋理性批判』
一七八四年　カント『世界市民という視点からみた普遍史の理念』
一七八五年　ヤコービ『スピノザの教説』
一七八六年　ラインホルト『カント哲学にかんする書簡』
一七八八年　カント『実践理性批判』
一七八九年　ラインホルト『人間の表象能力の新理論の試み』
一七九〇年　カント『判断力批判』
一七九〇年　マイモン『超越論的哲学試論』
一七九〇年　ラインホルト『哲学者たちの従来の誤解を訂正するための寄与Ｉ』
一七九二年　シュルツェ『エーネジデムス』

一七九四年　フィヒテ『知識学あるいはいわゆる哲学の概念について』
一七九四年　フィヒテ『全知識学の基礎』
一七九四年　シェリング『哲学の形式の可能性について』
一七九五年　シェリング『哲学の原理としての自我について』
一七九七年　シェリング『自然哲学にかんする考案』
一七九八〜九九年　フィヒテ『新しい方法による知識学』
一八〇〇年　シェリング『超越論的観念論の体系』
一八〇一年　シェリング『私の哲学体系の叙述』
一八〇二年　シェリング『哲学体系の詳述』
一八〇三年　フリース『ラインホルト、フィヒテ、シェリング』
一八〇七年　ヘーゲル『精神現象学』
一八〇八年　フィヒテ『ドイツ国民に告ぐ』
一八〇九年　シェリング『人間的自由の本質』
一八一二〜一六年　ヘーゲル『大論理学』
一八二一年　ヘーゲル『法哲学』

「ドイツ観念論」という名称の由来

それでは、この圧倒的な生産力を支えていたエネルギーとはなんだったのだろうか。ドイツ観念論の思想家たちはどのような熱い情熱を心に抱いていたのか。彼らを突き動かしていた具体的な政治的・歴史的関心とはなんだったのか。しかし、これまでこうした疑問に答えようとする試みはほとんどなされてこなかった。むしろ、ドイツ観念論の諸体系はそんな世俗的な関心を超越した、きわめて高度な抽象的思弁の産物だとみなされてきた。みなさんのなかにも、ドイツ観念論といえばそうしたイメージをお持ちの方が多いにちがいない。問題設定のこうした偏《かたよ》りには、それなりの思想史的な原因がある。それはまず「ドイツ観念論」という名称の成立を振りかえれば理解できる。

じつのところドイツ観念論の主役たちは、自分たちの思想運動が「ドイツ観念論」と呼ばれるとは夢にも思っていなかった。これは後世によって付けられた名前なのである。たしかに、これは思想史のうえではまったく普通のことである。「フォアゾクラティカー（ソクラテス以前の哲学者）」も「スコラ哲学」も後世の呼び名にすぎない。しかし、「ドイツ観念論」のばあいはすこし事情が違う。それはもともとは蔑称《べっしょう》だったのである。この名称を普及させたのは一九世紀中期に登場する「新カント派」である。では「新カント派」とはどういう人びとだろうか。

ヘーゲルの死後、近代化の遅れたドイツにも産業革命の波が押し寄せ、科学と科学技術がめざましい成果をあげはじめた。それにともない、哲学も愚にもつかない思弁にふけるのではなく、科学と手を組んで自然科学の原理に学ばなければならないという主張が顕著になる。そしてその一部の人びとは「カントへ帰れ」をスローガンとした。なぜなら、彼らにとってカントこそは、形而上学の傲慢《ごうまん》を批判して、自然科学の哲学的基礎づけを試みた人だったからである。したがって「新カント派」にとっては、フィヒテもシェリングもヘーゲルももはや「死んだ犬」にすぎなかった（ヴァルター・イェシュケ「ドイツ観念論の系譜学」『唯物論と唯心論』所収ハンブルク、二〇〇〇年、二二〇ページ)。「ドイツ観念論」という用語を最初に定着させたのは、フリードリヒ・アルベルト・ランゲ(Friedrich Albert Lange 一八二八〜一八七五)の『唯物論の歴史』(一八六六年)である。彼は当時流行していた浅薄な「唯物論」に、フィヒテ、シェリング、ヘーゲルの思想を「観念論」として対置し、そのいずれをも批判した。新カント派の一派であるマールブルク学派の俊英エルンスト・カッシーラー(Ernst Cassirer 一八七四〜一九四五)は、『認識問題』においてルネッサンス以来の近代の認識が哲学と科学の緊密な相互作用によって発展してきたと考えていたので、彼にとっても「ドイツ観念論の哲学者たちはすべて……否定的な実例にすぎなかった」(マティアス・ノイマン『歴史家の鏡のなかのドイツ観念論』ケーニヒスハウゼン・ノイマン社、二〇〇八年、六三ページ)。

ドイツ観念論と「非政治的ドイツ」という神話

たしかに、新カント派のなかにもドイツ観念論の運動を評価する人がいなかったわけではない。その代表者がもう一つの新カント派(西南ドイツ学派)のヴィルヘルム・ヴィンデルバント(Wilhelm Windelband 一八四八〜一九一五)である。しかし、彼がこの運動のうちに見るのはドイツ・ナショナリズムの先駆的現象なのである。彼はこう主張する。

ドイツは国民的統一が遅れたことによって、哲学的関心にかかわる目的にとっては不利な立場ではなく、有利な立場にあった。というのも、政治状況が分裂した無力な状態にあったために、偉大な精神の関心を自分に惹きつけることができず、むしろ偉大な精神は知的で美的な生活のうちに国民的共同体を見いだすべきだと信じたからである。こうした事態こそが、ドイツ人たちをいまやドイツ人たらしめている根拠、つまり、文芸と思考を得意とする人たらしめている根拠である（『近代哲学史』第二巻、ブライトコプフ・ヘルテル社、ライプツィヒ、一八八〇年、一八三ページ）。

要するに、ドイツでは封建体制が温存され、権威主義的軍人国家が力をもっていたために政治活動のいかなる余地もなく、ドイツ人は深遠な観念の世界にみずからの活動舞台を見いだしたというわけである。

ドイツ観念論にかんする浩瀚《こうかん》な著作を刊行したリヒャルト・クローナー（Richard Kroner 一八八四〜一九七四）も同じ立場に立っている。彼によれば、「歴史は、ヨーロッパ精神史の全体のなかで、ドイツ民族には特別な使命が与えられていることを証明している。その使命とは、いっさいの偉大な運動を人間精神の内面に引きこみ、その運動を心情の深みにおいて振動させるという使命である」（『ドイツ観念論の発展——カントからヘーゲルまでI』上妻精監訳、理想社、一二ページ）。そして、この使命を引き受けた思想運動こそはドイツ観念論だったというのである（一八ページ）。

じつのところ、「非政治的なドイツ」というこうした神話はきわめて根強いものであって、フランスのロマン主義者であるスタール夫人の『ドイツ論』（一八一四年）からはじまって、マルクス、エンゲルス、ハイネを経由して（フレデリック・バイザー『啓蒙・革命・ロマン主義』杉田孝夫訳、法政大学出版局、二〇一〇年、一一ページ以下）、トーマス・マンの『非政治的人間の考察』（一九一八年）にまでそのまま引き継がれている。マンは、フランスやイギリスの「文明」にたいしてドイツの「文化」を、文明国の「経済と政治」の論理にたいしてドイツ人の「非政治性」を対置したうえで、いまやドイツは「ゲルマン精神」を防衛するためにあえて戦争という政治的選択をせざるをえないと主張したのである。

「終末論的陶酔」の哲学

こうした立場に立つかぎり思想史家の仕事は、特定の思想を内在的に考察し、各思想間の影響関係を体系的に解明することでしかなくなる。たとえ思想家の政治論や社会思想が取りあげられるにしても、すでに確立した思弁的理論のたんなる応用や補説としてでしかない。しかし、ドイツ観念論のあの旺盛な創造力と緻密な思弁と壮大な体系構築への努力が、現実からの消極的逃避から生まれたなどということがありうるだろうか。むしろこの思想運動もまた、それが置かれた政治的・歴史的現実との生々しい相互作用によって生まれてきたのではないのか。そしてじっさいに、ある熱狂がドイツ観念論の思想家たちを突き動かしていたのである。

それはどんな熱狂だろうか。宗教的な用語でいえば、ある種の「終末論的陶酔」である。彼らは、いまや歴史が一つの完結にいたりついており、自分たちがその頂点から振りかえってそれまでの全歴史の意味を総括できるような特権的な「現在」に立っていると確信している。なぜそれが「特権的」かといえば、自分たちが一定の最終目標にすでに到達している以上、ここから過去を振りかえれば、一見なにげない偶然のように見えた人間の歴史的営為がじつはこの目標に近づく必然的な営為であったことも、逆に、かつて時代を支配していた営為がじつは目標到達を遅らせる営為でしかなかったことも知ることができるからである。つまりいまやはじめて、多様なもののたえざる変化と混乱の世界でしかないように見える歴史のうちに、「現在」という終末にむけて連続的に上昇していく一貫した合理的運動を、つまりは「理性の体系」を発見できるのである。だがそれは、彼らの哲学が「いま」と「ここ」という歴史的現在においてのみ可能であり、みずからの「いま」と「ここ」に責任を負っているということでもある。こうして、「歴史の理性」と同時に「理性の歴史性」がドイツ観念論の一貫したテーマとなる。

理性の体系と歴史

「ドイツ観念論は終末論的陶酔の哲学である」。これを証明することが本書の目的である。たしかにこうした「終末論的歴史観」はヘーゲルにたいしてはしばしば主張されてきた。しかし、それはなにも彼の独占物ではない。むしろ、彼はドイツ観念論の通低音をなしているこの歴史観を一定の方向で、しかももっとも複雑なニュアンスに富んだかたちで完成したにすぎないのである。

ヘーゲルが哲学の歴史そのものを哲学体系のうちに組み入れてしまったことはよく知られているが、フィヒテもシェリングもそれぞれの独創的な哲学体系を特徴づけるのに「歴史」ということばを使っている。一七九四年に主著『全知識学の基礎』をひっさげてイエナ大学での講義を開始したときに、フィヒテはみずからを「ひとりの歴史記述家」と呼び、みずからの知識学を「人間精神の実用的歴史」と呼んだ。当初フィヒテの忠実な信奉者として出発したシェリングが師からの独立と離反を意識して書いた初期の主著『超越論的観念論の体系』にしても、「自己意識の前進的歴史」という意味づけが与えられている。また、後期の立場への移行点として重要な書物である『世界時間論』では、「学とはその語義からしてもすでに歴史である」と語られ、哲学と歴史が等置されている。

だが、そうなると困るのはカントである。彼はみずからの批判哲学をけっして「歴史」という視点から特徴づけてはいないからである。じっさい彼の主著『純粋理性批判』は、表題が示すように、理性の自己批判の試みであり、理性とは人間の永遠不変の本質なのだから、そこに「歴史」が入りこむ余地はとうていありそうにない。そうだとすれば、新カント派がかつて主張したように、カントの思想とドイツ観念論とはきっぱりと区別されるべきではないだろうか。しかし本書は、カントこそはドイツ観念論の出発点に据えられるべきだと主張する。というのも、彼の主著のうちにも「終末論的陶酔の哲学」を発見できるからである。次章では、カントの『純粋理性批判』の「歴史哲学」を発掘することにしよう。

第一章

カント『純粋理性批判』の「歴史哲学」

1　孤独な〈私〉から〈われわれ〉の共同体へ

カントの主著『純粋理性批判』の根底に潜む「歴史哲学」を掘り起こすことが本章の課題である。こうした問題設定はこれまでほとんどなされてこなかった。これは新カント派の影響が大きい。マールブルク学派は『純粋理性批判』の目的が自然科学の哲学的基礎づけにあると考えたし、西南ドイツ学派は、自然科学の法則定立的な方法と、歴史科学の個性記述的な方法とは明確に区別すべきだと主張したので、『純粋理性批判』と歴史とはまったく無縁であるとみなされてきたのである。ディルタイがカントに対抗して「歴史的理性の批判」をおこなわなければならないと考えたのも、そのためであった。

しかし、カント自身は歴史に無関心だったわけではない。むしろ、彼は歴史にたいする関心をつねにもちつづけ、さまざまな歴史論文を書いている。しかもその執筆時期は、三批判書のそれにぴったりと重なっている。その一覧表をあげてみよう。

一七八一年　『純粋理性批判』（第一版）
一七八四年　『世界市民という視点からみた普遍史の理念』
一七八四年　『啓蒙とは何か』

一七八五年　『人倫の形而上学の基礎づけ』
一七八六年　『人類史の憶測的起源』
一七八六年　『自然科学の形而上学的原理』
一七八七年　『純粋理性批判』（第二版）
一七八八年　『実践理性批判』
一七九〇年　『判断力批判』
一七九四年　『万物の終焉』

さらにカントは、一七八九年にフランス革命が勃発すると、いちはやくこの事件の歴史的意義を認め、その経過に注目しつづけた。彼は『学部の争い』（一七九八年）においてフランス革命について次のように述べている。

われわれが今日そのなりゆきを見守ってきた、才気あふれる国民による革命は、成功するかもしれないし失敗するかもしれない。……それでも私は言う、この革命はすべての観客……の心のなかに、熱狂と紙一重の、願望としての参加を、つまり共感を得るのである……と（竹山重光・角忍訳、『カント全集』第一八巻、岩波書店、一一六～一一七ページ）。

ではフランス革命にたいするこうした熱狂と共感はなににもとづくのだろうか。

なぜなら、その現象は、どんな政治家もこれまでの歴史のなりゆきから考えだしたことがないような、人間の自然本性のうちにあるより善い方向へ向かう素質と能力をあらわにしたからである。この現象のみが、自然と自由とを人類において法の内的原理にしたがって合一するのだが、いつそれが起こるかという時期にかんしては、無規定で偶然による出来事であるとしか約束できなかったのである。……この出来事はあまりにも大きく、人間の関心にあまりにも深く絡みあい、その影響が世界のあらゆる地域に広がっているので、なにか好都合な事情が生まれると、それをきっかけに諸国民はかならずその出来事を思い起こし、この種の新たな試みをくり返すよう呼び覚まされる（一二〇～一二一ページ）。

つまり、フランス革命は、「人間がみずから招いた未成年の状態を抜けだし、自分の理性を使う勇気をもった」ということを、一つの具体的な出来事として証明してみせたのであって、ひとたびそれが歴史的事実として示された以上、フランス革命が成功しようと失敗しようともはや関係がないのである。われわれ人間はどんな危機にさいしても、もはや二度と「未成年の状態」に逃げこむわけにはいかない。これからのすべての行為と思索は、ここから出発しなければならない。

たしかに、カントはフランス革命が勃発したときにはみずからの体系形成を終えていた。しかし、このようにつねに歴史に関心をもち、啓蒙とフランス革命を熱狂的に支持したカントが、みずからの主著をこうした歴史的熱狂とまったく無縁なところで書くということがありうるだろうか。理論的な著作のあいだに出版された歴史関係の論文は、カントのいわば片手間仕事であり、息抜きの仕事にすぎなかったのだろうか。むしろ、彼の主著をその時代の文脈に位置づける努力が必要だし自然ではないか。こうした疑問に答えてくれる小論がある。ミシェル・フーコーの『カントについての講義』である。これはフーコーが一九八三年一月五日のコレージュ・ド・フランスでおこなった講義の抜粋であり、翌年五月に「マガジン・リテレール」誌の二〇七号に発表されたものである。

フーコー『カントについての講義』

フーコーがこの論文で取りあげるカントのテクストは『啓蒙とはなにか』だが、このテクストへの直接の言及はいっさいない。彼はいままで注目されてこなかった素朴な事実を指摘する。それは、「啓蒙とはみずからに名前を与えた最初の時代であった」ということである。すでに述べたように、各時代とそこに登場する集団の名前は、「ドイツ観念論」も含めてほとんどが後世の付けた名前だが、「啓蒙」だけは例外である。啓蒙の時代に生きた人びとは、自分たちがまさに「啓蒙」の時代に生きていることを知っていたのである。では、ある時代がみずからに名前を与えるということはどういう意味をもつのだろうか。フーコーはこう答える。

カントのテクストにおいて現われるのを見ることができる問いとは、それについて語っている当の哲学者が属している哲学的出来事としての現在についての問いであるように私には思われます。もし哲学というものをその固有な歴史をもった言説実践の一形態であると考えようとするならば、〈啓蒙〉についてのこのテクストとともに、哲学が――〈はじめて〉と言っても無理な言いすぎだとは思いませんが――みずからの言説の現在性を問題化するのが見られるように思われます（『ミシェル・フーコー思考集成』第一〇巻、筑摩書房、一七四ページ）。

フーコーによれば、啓蒙以後、哲学はみずからの言説が展開される「ここ」と「いま」を意識することなしには成りたたなくなったのであり、哲学の思索はいわば真空状態のなかでなされるのではなく、「ここ」と「いま」という現在性の制約を受けるようになったのである。しかし、哲学がみずからの歴史的現在を意識しなければならないということは、それが歴史的現在に拘束されているという消極的な事態を意味しているだけではなく、哲学がみずからの現在に責任を負っている、あるいは、みずからが現在の一部であるということも意味している。哲学は現在という文化的プロセスの一構成要素であるばかりではなく、それをつくりだす一行為者でもある。つまり、哲学者は現在をともに生きる〈われわれ〉の共同体の一員であると同時に、〈われわれ〉の共同体を新たにつくりあげる能動的な参加者でもある。この事態をフーコーは次のように言い表わす。

哲学者にとって、このような現在へのおのれの帰属を問うことは、……ある種の〈われわれ〉、すなわちみずからの現在性によって特徴づけられているような文化的な一総体へとかかわるような〈われわれ〉へのおのれの帰属を問うことなのだ（一七四ページ）。

そうだとすれば、カントはその重要な批判の作品において、二つの大きな伝統を基礎づけたように思われる。その一つは「真理の分析論」の伝統である。

カントはまずその重要な批判の作品において、どのような条件のもとで真なる認識が可能となるかという問いを提起する伝統を創始し、それを基礎づけました。そしてそこから、一九世紀以来の現代哲学の一分野全体が真理の分析論として提起され、展開されたのです（一八三ページ）。

カント哲学の重要な目的が認識の道具としての人間の認識能力の総点検にあったというのはわかりやすいし、英米系の分析哲学がカントのこの意図を受け継いでいるのはあきらかである。ところが、フーコーによれば、カントはもう一つの批判の伝統をもつくりあげたのである。

このもう一つの批判の伝統は、われわれの現在性とはなにか？　可能な経験の現在的な領野とはどのようなものか？　という問いを提起します。そこで問題になっているのは真理の分析論ではありません。そこでは、〈現在性の存在論〉あるいは〈われわれ自身の存在論〉とでも呼ぶべきものが問題となるでしょう。そして、現在われわれがぶつかっている哲学の選択とは、一般的に真理の分析哲学として現われてくるような批判哲学を選ぶことができるのか、それとも、〈われわれ自身の存在論〉、〈現在性の存在論〉といった形態をとる批判的思考を選ぶことができるのかというものであると私には思えます。そして、ヘーゲルからニーチェ、そしてマックス・ウェーバーを経てフランクフルト学派にいたるまで、この後者の哲学の形こそが、私がそのなかで仕事をしようとしてきた考察の形態を基礎づけたものなのです（一八三ページ）。

したがって、フーコーのことばを借りれば、本章ではカントを、彼が創始した二つの伝統のうちの「真理の分析論」ではなく、「われわれ自身の存在論」、「現在性の存在論」という側面に力点を置きながら解読していくことになる。

『純粋理性批判』という表題の意味

とはいえ、カントの『純粋理性批判』は原書で八〇〇ページを超える大著である。そこでまず、タイトルによってこれがどのような狙いをもつ著書であるかについておおよその見当をつけておこう。

タイトルの原語は、Kritik der reinen Vernunft である。まず最後の Vernunft から始めよう。カントがこの用語に与えるもっとも一般的な規定は、「上級認識能力」というものである。これはカント独自のものではなく伝統的な規定であり、具体的にはヴォルフ学派のバウムガルテン（Alexander Gottlieb Baumgarten 一七一四〜一七六二）の『形而上学』（一七五七年）という著書の規定を踏襲したものである。Vernunft はラテン語の intellectus の訳語だが、intellectus をバウムガルテンはこう規定している。

「私の魂はあるものを明瞭に認識する。あるものを明瞭に認識する能力が上級認識能力、つまり知性である」（第六二二節）。

上級認識能力があれば、下級認識能力もあるはずである。

「不明瞭な表象は感性的表象と呼ばれる。したがって、私の魂の力は下級の能力によって感性的知覚を表象する」（第五二一節）。

では感性はなぜ不明瞭な表象しか生みださないのか。

「私は私の現在の状態を表象する。つまり、私は感覚する。私の現在の状態の表象あるいは感覚は、現在の世界の状態の表象である」（第五一三節）。

感性が不明瞭な表象しか与えないのは、時間的に刻々と変化し、空間的にも無限に多様な「現在の世界の状態」を受動的に受容するだけだからである。それにたいして知性が明瞭な表象を与えることができるのは、そうした多様で混乱した表象のなかに共通性を認知し、そこから恒常的で普遍的な表象をつくりだせるからである。バウムガルテンによれば、「知性によるこうした物の表象」が「概念」である。したがって、理性とは概念によって普遍的なものを認識できる能力であり、この能力は人間だけに与えられている。

ではつぎに、「純粋理性（reinen Vernunft）」とはどういうことか。カントの定義によれば、「純粋理性とは、あるものを端的にアプリオリに認識する諸原理を含んでいるような理性である」（『純粋理性批判』第一版序論、二五ページ〔中山元訳、『純粋理性批判』第一巻、古典新訳文庫、光文社、五六ページ〕〕。「アプリオリ」とは「アポステリオリ」にたいすることばであり、文字どおりには「〜に先だつ」という意味。なにに先だつかというと、経験に先だつ。つまり、アプリオリな認識とは、経験に先だち、経験に依存せずに成立するような認識である。理性は概念の能力なのだから、感性のように直接に外界と関係しないし、受動的に関係するものではない。そうした意味では理性の認識はアプリオリである。だが、概念とは外界が与える多様な対象を比較し、その共通な特徴を抽象することからつくられるのだから、その点で内容的には外界に依存している。それにたいして、純粋理性とは内容的にも外界と関係せず、外界からまったく独立している認識を生みだすことができる能力なのである。

最後に kritik とはどういうことか。このことばは「批判」と訳されるが、批判というと他人の言動の誤りや欠点を指摘する行為をイメージしがちだが、本来このことばにはそうした意味はない。このことばは、もともとはギリシア語の *κρίνειν* に由来し、「分かつ」「分離する」という意味である。たとえば、文芸「批評」とは、特定の作品が傑作か駄作かの明確な線引きをする行為なのである。

『純粋理性批判』と啓蒙

そうだとすれば、「純粋理性批判」とは、人間が外界にいっさい依存せずに自分だけでなにをどの程度まで正確に認識できるかを一度はっきりと問い質し、その有効範囲を確実に境界設定しようとする試みだということになる。それでは、なぜいまこうした人間の認識能力の総点検が必要なのだろうか。それは人類が啓蒙の時代という新しい歴史の出発点に立っているからである。カントは『啓蒙とは何か』の冒頭でこう述べていた。

啓蒙とはなにか。それは人間が、みずから招いた未成年の状態から抜けでることだ。未成年の状態とは、他人の指示を仰がなければ自分の理性を使うことができないということである。人間が未成年の状態にあるのは、理性がないからではなく、他人の指示を仰がないと、自分の理性を使う決意も勇気ももてないからだ。だから人間はみずからの責任において、未成年の状態にとどまっていることになる。こうして啓蒙の標語とでもいうものがあるとすれば、それは「知る勇気をもて」だ。すなわち「自分の理性を使う勇気をもて」ということだ(中山元訳、『永遠平和のために／啓蒙とは何か』、古典新訳文庫、光文社文庫、一〇ページ)。

しかし、自分の理性が「他人の指示を仰がずに」自力でどれほどのことをなしうるかをあらかじめ確信していなければ、「自分の理性を使う勇気を」もてるものではない。純粋理性の批判という課題は、啓蒙という新しい時代の必然的要請なのである。カントは『純粋理性批判』の冒頭でこう語っている。

現代は真の意味で批判の時代であって、すべてのものが批判に服さざるをえない。……理性が偽らざる尊敬を感じることができるのは、理性の自由な公然たる吟味に耐えることができたものだけである〔第一版序文一一ページ〔第一巻二〇五ページ〕〕。

純粋理性批判の二つの前提

そうだとすれば、純粋理性批判の試みは時代の要請であり、この試み自体の「歴史的拘束性」が問われるべきであろう。たしかに、純粋理性批判は人間によるおのれ自身の認識能力の総点検だから、その外部にあるなにものも前提するわけにはいかない。

〔理性批判という〕この学の課題とするところは、すべて理性の内奥から生まれでてきたものであり、事物の本性によってではなく、……理性そのものの本性によって理性に定められたものである〔第二版序論二三ページ〔第一巻五四ページ〕〕。

それにもかかわらずカントの批判は無前提に始まるわけではない。じっさいそれは二つのことを前提している。そのことは根本的な事実として受け容れるほかはない。というのも、そうでなければそもそも「批判」の作業そのものが可能にならないからである。その根本的事実とは以下の二つである。

①知的直観という能力は人間には与えられていない。
②ニュートン物理学に代表される自然科学はじっさいに成功している。

知的直観の否定

まず①について考えてみよう。カントはこう語っている。

知的直観は……根源的存在者〔神〕だけに属し、その存在からみても、その直観からみても、依存的な存在者〔人間〕にはけっして属さないように思われる（第二版七二ページ〔第一巻一四〇ページ〕）。

知的直観とは「対象を思い描くことによって同時に、対象が創りだされる、あるいは創造される」〔第二版一四五ページ〔第二巻一三八ページ〕〕ような直観である。すくなくともユダヤ・キリスト教の神がこうした能力をもっていることは確かである。『聖書』によれば、神が「光あれ」と言っただけで、「光」が現実に存在しはじめたからである（『創世記』第一章第三節）。しかし、人間がこうしたありがたい能力を授かっていないのもあきらかである。残念ながら人間に与えられているのは、「対象がまずもって与えられていること」を前提するような直観、つまり「感性的直観」でしかない。

それにしても、こんなごく当たり前のことをわざわざ断る必要がどうしてあるのだろうか。これがまず意味するのは、「神の視点」をけっしてもちこまないという決意表明である。理性の批判は人間が自分だけでなにを認識しうるかを問題にするのだから、従来の哲学のようにこっそりと神の視点をもちこまないように注意しなければならない。

では知的直観を否定することの帰結とはなにか。それはわれわれ人間が事物の発生場面にけっして立ち会うことができないということである。知的直観をもっていれば、対象がいままさに生まれ落ちる場面に立ち会って、それを目撃することもできようが、われわれにはそれが原理的に拒まれている。われわれは「つねに先だってそこにある」存在者にしか出会うことができない。われわれはいわばいわれなくこの世界に投げこまれており、われわれが存在者に出会うとき、いつでもすでに一定の時間が流れ去っている。われわれはいつでもいわば「時間内存在」である。神の視点を排除した人間的状況を生きるということは、絶対的な「始まり」を断念することなのである。

人間の根源的状況

存在者が「いつでもそこにある」という性格をもち、われわれのすべてがいつでもこの世界にいわれなく投げこまれているということは、われわれは自分をとりまく存在者のほんとうの由来も意味も知らないということである。人間は世界の始まりを知らないだけではなく、世界がほんとうのところどうなっているかも知らない。その意味や目的を知らされてこの世界に生まれてきた者などひとりもいない。気づいたときにはいつでもすでに得体の知れない世界にひとりぼっちで投げだされ、なじみのない存在者に取り巻かれている。「知的直観の否定」についてのカントの発言は、人間が特定の能力をもつかどうかについてのたんなる断定ではなく、人間が人間である以上それ以上さかのぼれない根源的状況を語っているのである。そして、それが「序論」でまず語られなければならないのは、無前提であるべき人間理性の批判はまずもって人間の根源的状況から出発するほかはないからなのである。

だがもしそうだとすれば、これまでもっとも高尚な知識であり、人間にとってもっとも重要な知識だとされてきた「形而上学」は、批判には耐えられない。というのも、人間は世界の全体性を一挙に眺め渡すことができないのだから、「神」が存在するかという問いにも、人間の魂が死後も持続するかという問いにも、世界に「始まり」はあるかという問いにも、根拠ある答えをまったくもちあわせていないからである。

「現象」と関係性の哲学

それでは、こうした状況にありながらそれでもなおわれわれがなにかを知りうるにはなにが必要であろうか。いまあなたがまったく未知の深い森のなかに突然ひとりで置き去りにされたとしよう。鬱《うっ》蒼《そう》とした木々に遮《さえぎ》られて、あなたはそこにどんなものが潜んでいるかを知ることができない。それでもあなたがなにかを知ることができるためには、そこに潜んでいた存在者のほうが自分の存在や性質をあなたに向かってなんらかの仕方で告げ知らせてくれ、あなたのほうもその告げ知らされたことをなんらかの仕方で受け取ることができなければならないだろう。カントは存在者があなたに向かってみずからを告げ知らせることを「現象（Erscheinung）」と呼び、それを受け取る機関を「感性（Sinnlichkeit）」と呼ぶ。

しかしそうだとすれば、すべてのものはそれがあなたに「向かって」現われるという「関係性」を抜きにしてはけっして知ることができない。存在者そのもの、つまり「物自体」は認識不可能なのである。あなたの〈私〉さえ例外ではない。というのも、あなたが自分の〈私〉を知るためにも、それがなんらかのかたちであなたに立ち現われ、感性を通過しなければならないからである。したがって、理性批判の作業領域は、存在者と〈私〉という両項をいわば括弧に入れた「関係性そのもの」の領域、いわば主観と客観の〈あいだ〉に設定されなければならない。理性批判が展開すべき哲学は、「関係性」の哲学なのである。

この新しい哲学はもはや従来のように「形而上学」にも「心理学」にも依拠するわけにはいかない。形而上学は主観から独立した存在者を、心理学は主観のうちなる心理的なものを対象とするにすぎないからである。それでは、この哲学はなんと呼ばれるべきだろうか。カントは、主観のこちら側が「内在的（immanent）」、主観の向こう側が「超越的（transzendent）」と呼ばれてきたので、その〈あいだ〉の領域を表現するのに「超越論的（transzendental）」という術語を造語した。こうして、純粋理性批判が展開すべき哲学は、「超越論的哲学」となる。

自然状態における人間

われわれが知りうる世界が「現象」の世界でしかないということは、人間のありかたについてもう一つのことを教えている。それは人間が根源的に「孤独」だということである。世界がみずから告げ知らせるものを受容するかぎりでしか世界を知ることができないとすれば、われわれの住む世界は一人ひとり違っていることになる。

都会で育った人と田舎で育った人とではその現われかたはかなり異なるはずだし、そもそも二人の人が同時に同じ場所を占めることができない以上、二人にとっての世界の現われは多少とも違っている。われわれ人間は「同じ一つの世界」に生きているのではなく、それぞれの世界に閉じこめられている。われわれは世界に投げこまれているだけではなく、たがいにどんな関係も結ぶことなく、それぞれの生を生きている。これがいわば人間の「自然状態」なのである。

『純粋理性批判』の第二の前提

次に『純粋理性批判』が前提する第二の根本的事実に移ろう。純粋理性の批判は自分以外のどんな批判基準ももちこんではならないのだから、まず「神の視点」を排除しなければならなかった。それが「知的直観の否定」の意味である。そしてその結果、「世界にたいする受動性」が人間の根源的状況としてあきらかになった。世界のほうがわれわれに先だって「すでにそこにあり」、われわれがそれについてなにか知ろうとすれば、その存在者のほうからやってくる情報を受動的に受け取るしかない。しかしそうなると、純粋理性の批判はふたたび不可能になってしまう。というのも、「純粋理性とは、あるものを端的にアプリオリに認識する諸原理を含んでいるような理性」であり、そして、アプリオリな認識とは、「経験に先だち、経験に依存せずに成立するような認識」だからである。

したがって、純粋理性批判という哲学的な試みが可能になるためには、つまり、カントがみずからの主著を書くことができるためには、人類が世界にたいしてまったく受動的であった根源的状況、いわばみずからの「自然状態」を脱して、世界にたいしてある種の自立性を獲得する段階にまで達していなければならない。そして、人類がこの段階に達していることを暗示する歴史的事実がカントの眼前でいま展開されている。その歴史的事実とは、「ニュートン物理学を頂点とする近代自然科学の成功」である。カントはこう述べる。

すべての自然研究者たちのうちに一条の光が射し始めたのは、ガリレイが重さを一定にした球が斜面をころがり落ちるように工夫したときであり、トリチェリがあらかじめ測定しておいた水銀柱の重さを空気の重さと釣合わせたときであり、さらに遅れてシュタールが金属からあるものを取りさって焼灰にし、焼灰にあるものを加えて金属にしたときである。こうして自然科学者たちが認識したのは、理性はみずからの計画にしたがってもたらしたものしか認識しないこと、理性は先導し、恒常的に妥当する法則にもとづいてみずから判断する原理を定めておいてから、これにもとづいて自然を強制して、みずから立てた問いに答えさせねばならないこと、自然が与えた〈歩み紐〉に引っぱられて歩むようなことがあってはならないことだった（第二版序文一三ページ〔第一巻一五一～一五二ページ〕）。

近代自然科学が教えているのは、ついに「いま」世界にたいする人間の根本的な態度変更が可能になっているということである。人間は「自然が与えた〈歩み紐〉に引っぱられて歩む」のではなく、「理性が先導し……自然を強制して、みずから立てた問いに答えさせ」ることができるようになったのである。しかし、世界にたいする「受動性」から「能動性」へのこの態度変更は、同時に人間のありかたの根本的変更をともなっている。ひとが世界の現われをただ受動的に受け取っているかぎりでは、世界の現われは一人ひとり違っており、ひとはそれぞれの世界に閉じこめられた孤独な〈私〉にすぎなかったが、人間の普遍的本質である「理性の先導」によって、いまや人間は孤独な〈私〉の境遇を抜けでて、われわれすべてに共通な「ただ一つの世界」を、いわば〈われわれ〉の共同体を想定できるようになっているのである。じっさい、こうした想定の可能性こそが自然科学の根本的な可能性の条件でもある。

具体的な例で説明しよう。いまでこそ天気予報の精度は向上したが、四〇年前は気象衛星も打ちあげられておらず、天気予報はよくはずれた。そこでテレビがきわめて意地悪な企画をおこなった。天気予報を発表したあとに、漁師とか和紙職人といった天気に影響されやすい職業に従事する人に明日の天気を予想させて、どちらがあたるかを競わせたのである。たとえば、ある漁師が夕べの浜辺に立って、海の夕焼けの微妙な赤さや夕風のかすかな湿り気などから、あすは晴れだと予想するわけである。しかもそれがじつによくあたる。

それでは、もしこの漁師の予想が九〇パーセントの確率であたり、天気予報が六〇パーセントの確率しかないとすればどうだろう。漁師の予想こそが科学であり、天気予報は科学の資格を失うだろうか。そうではない。漁師の予想がたとえ百発百中でも、けっして科学にはなりえない。なぜなら、漁師が天気を予想するために見ている対象をわれわれはけっして厳密には共有できないからである。夕焼けの微妙な赤さや夕風のかすかな湿り気などは、何十年も海で暮らしてきた彼だからこそ見分けられるのであって、われわれは彼独特の経験「世界」に入りこむことができない。それにたいして、気象学を学びさえすれば、すくなくともだれもが特定の予報を導きだすまでの過程を共有できる。ある発言が科学の普遍的な妥当性をもつには、その対象世界がすくなくともわれわれのだれもが共有できる「同じ一つの世界」であることが前提になる。じっさい、万有引力の理論がそれを発言するニュートン個人の体験世界にしか妥当しないなら、それはけっして科学理論とは言えないはずである。

孤独な〈私〉から〈われわれ〉の共同体へ

こうして、「知的直観の否定」と「自然科学の成功」という批判哲学の二つの前提は、人類の歴史の出発点と到達点を示している。人類は孤独な〈私〉から出発して、長い時間をかけていまやついに「同じ一つの世界」、〈われわれ〉の共同体にまでたどりついたのである。カントの『純粋理性批判』は、この「歴史哲学」を背景にしてはじめて可能になる。

それではわれわれ人間はいったいどのようにして〈私〉から〈われわれ〉へとたどりつけたのだろうか。この過程を歴史的にたどるのは『批判』の仕事ではなく、歴史論文、とりわけ『世界市民という視点からみた普遍史の理念』の仕事である（これについては、第三節で触れることにしよう）。それにたいして、『批判』の仕事は、この過程がじっさいに実現されたということを事実として前提したうえで、この事実の可能性の条件を、つまり「同じ一つの世界」の可能性の条件を解明することにある。それでは、世界の「同一性」はどのようにして保証されうるのだろうか。神が存在してくれていれば答えは簡単である。神は世界を超越し、世界を鳥瞰できるからである。しかし、「神の視点」は排除されてしまった。「存在の同一性」に訴えるわけにもいかない。「物自体」は認識不可能だからである。われわれに与えられているのは、現象の世界、つまり、純粋な関係性の世界だけである。したがって、世界の「同一性」はこの「関係性」そのもののうちに探し求められなければならない。つまり、世界の同一性の本質は、「関係性のただなかに成りたつ同一性」でなければならない。ところで、関係性のただなかに成りたつ同一性とは、「規則性」にほかならない。こうして、「現象のうちに規則性を探せ」ということが、『批判』のスローガンになる。

2　存在とは規則性である

直観形式としての空間と時間

そこで規則性を探し求めて、私がいまいる部屋に目を向けてみよう。そうするとたんに、多様な印象が押し寄せてくる。本棚に並んだ本のさまざまな形や色、パソコンやコピー機の冷たい感触、窓の外の新鮮な緑、そこから吹きこむ風の香りが一度に私を襲い、私はそれらをいやがおうにも受け容れる。それらは向こうから私に向かって押し寄せてくる。このように押し寄せてくる印象はめまいがするほど多彩であって、そのどこにも規則性は発見できそうにない。しかし、「向こうから私に向かって」という性質はどうだろうか。この性質だけはどんな印象にも「いつもきまって」伴っている。この性質が印象にいつも伴っているからさえ、われわれはそれをたんなる妄想や錯覚から区別できるのである。

ところで、「向こうから私に向かって」ということが可能であるためには、印象の「向こう側」と私がいる「こちら側」が区別されている必要がある。つまり、印象に「いつもきまって」伴っているのは空間関係なのであり、したがって、われわれは現象のただなかに一つの規則性を見いだしたことになる。カントは空間関係を、私が外界の印象を受容するときの形式、つまり直観形式と解釈する。われわれ人間は空間関係という網の目を介してしかすべての現象を受容できないのだから、すべての現象が例外なく空間関係という「規則性」にしたがうのは自明だというわけである。

次に、まなざしを転じて自分の内面に注目してみよう。私が机で本を読んでいるとき、その文字が目に入ってきて、そのイメージが私の心に刻みこまれる。そのあと、疲れた目を癒すために窓の外を眺めると、一本の樹木が目に飛びこんできて、ふたたびそのイメージが私の心に刻みつけられる。そのさい、この新しいイメージが意識されるときには古いイメージは意識から消えてしまい、古いイメージと同時に居あわせることがない。新旧のイメージが重なりあうことがあれば、私の意識はただちに混乱してしまうだろう。つまり、私の内面にあるイメージは、「次から次へ」という性質を「いつもきまって」伴っているのである。「次から次へ」は継起の関係、つまり時間関係なのであるから、われわれは時間関係という新しい「規則性」を発見したことになる。カントは、時間もまた私が内部の印象を受容するときの形式、直観形式だと主張する。

「対象」とはなにか

われわれはいまようやく同じ空間と時間のうちに住むことができるようになった。しかし、これではまだ充分ではない。いま私とあなたが目の前の机に載っている一冊の本を見ているとしよう。われわれは当然「同じ」本を見ていると信じている。しかし、『純粋理性批判』の前提①にしたがえば、すべてが現象でしかなく、すべてのものはそれがわれわれに現われるかぎりでのみ知られるのだから、この「同じ」という性質は説明がつかない。というのも、われわれが同時に同じ場所を占めることはけっしてできない以上、その本の私にたいする現われとあなたにたいする現われは原理的にいつも違っているはずだからである。われわれは「別々の」本を見ているのである。

しかし他方、前提②にしたがえば、自然科学の成功は、われわれがこのばあい「同じもの」を見ることができることを教えている。科学が普遍的に妥当する発言をなしうる根本条件は、その発言の対象が万人に共通な対象だということだからである。そもそも「対象（Gegenstand）」ということばそのものが、表象（Vorstellung）とは違って、主観から独立して（gegen）おり、恒常的に存在している（stand, stehen）ものを意味する。

存在＝規則性

それではこの矛盾はどのようにすれば解決できるのだろうか。カントが与える解答は、「存在＝規則性」というものである。

いまあなたがこの地球に降りたったばかりの宇宙人だとしよう。あなたがこの惑星の多様な印象のなかから「雨」という対象の存在を見分けるときはいつだろうか。あなたが野原に立っていると、にわかにあたりが暗くなり、雨雲がたれこめ、空気が生暖かくなり、水滴が落ちてくる。この過程が何回もくり返される。そしてあるときあなたはついに、①「暗くなる」、②「雨雲」、③「生暖かい空気」、④「水滴」が「いつもきまった順序」で現われるということに気づく。そしてこの規則性に気づいたときに、あなたは「雨」という対象の存在を認知するのである。これはなにも時間的現象だけにかぎらない。宇宙人であるあなたがはじめて汽車で田舎を旅行していて、車窓から外を眺めていると、こんもりとした森のなかに変な構造物が次々に見えてくる。そしてやがてあなたは、その構造物が「いつもきまって」、①「屋根」、②「壁」、③「窓」、④「土台」をともなって現われることに気づく。そして、あなたはこの「いつもきまって」という規則性に気づくことによって、多様な背景から「家」という対象を切り取って、その存在を認知できるようになる。つまり、雨とか家の「存在」の本質は、規則性なのである。あるいは、対象の「存在」は規則性によって構成される。

そのさい、対象の「存在」の構成にとっては、①②③④の各項の具体的な現われはすこしも重要ではないということである。たとえば「家」の例でいえば、屋根が赤でも緑でもトタン屋根でも瓦屋根でもかまわないし、土台が木造でも鉄筋でもかまわない。つまり、この家を私とあなたがどの位置からどのように見ていようと、家の「存在」にとってはすこしも問題ではないのである。

こうした傾向をもっとも純粋なかたちで示すのが、自然科学の対象としての「力」の存在である。「力」なるものが存在するということはだれでも知っている。私がいまペンを投げあげれば、それが放物線を描いて落下するのが見える。私はそこに力が働いているのを見る。しかし、この言いかたは正確ではない。私が目にするのは「力そのもの」ではなく、力が働いた「結果」でしかない。だが他方で、私が放物線の運動に力の「結果」を見ることができるためには、それに先だってなんらかの

「原因」としての力が想定されなければならない。その想定がなければ、私はただペンが放物線を描いて空間内を移動する現象しか見られないだろう。しかし、力が「原因」として働いたことを知る唯一の手段は、その力がじっさいに働いた「結果」以外には存在しない。こうして、私は力の「結果」から「原因」へ送りだされたかと思うと、ただちに力の「原因」から「結果」に送り返されてしまい、結局のところ恒常的であるのはこの両者のあいだの往復運動だけである。力の「存在」の本質は原因と結果の関係、つまり「因果関係」という規則性なのである。

論理学と判断形式

そうだとすれば、もしわれわれ人間全員がこうした規則性を経験に先だって共有していれば、われわれのだれもがこの同じ規則性を介して同じ対象の「存在」を認知でき、「同じ一つの世界」に住みつくことができるはずである。そうした万人に共通な規則性など存在するものだろうか。それがじっさいに存在するということは、論理学が証言してくれる。というのも、論理学とは「思考の規則」をあつかうが、思考の規則とは、なにかについて考えるときに人間のだれもが従わなければならない規則だからである。しかも、「アリストテレス以来論理学が、これまでいかなる進歩もすることができなかったが、……いささかも後退する必要もなかった」（第二版序文八ページ〔第一巻一四四ページ〕）ことからすれば、これらの規則はすべての人間に生得的にそなわっているらしい。しかしそうだとしても、次のような疑問が生じる。

思考の主観的な条件がどのようにして客観的な妥当性をもつというのか……言い換えれば、思考の主観的な条件がどのようにして対象のすべての認識の可能性の条件となりうるのか〔第二版一二二ページ（第二巻一〇〇ページ）〕。

カントはこの疑問にたいして、「まだほとんど試みられたことのない悟性能力そのものの分析」〔第二版九〇ページ（第四巻四五ページ）〕によって答える。一般に、思考そのものはわれわれの内面で演じられるので目に見えないが、その成果は「認識」としてあらわになり、判断というかたちで語られる。たとえば、「物質は可分的である」というふうに。したがって、論理学でも思考の形式は判断形式というかたちで考察される。ところで、判断とはすでに成立している二つ以上の概念を一定の規則にしたがって統一することである。たとえば、「物質は可分的である」という判断のばあいには、「物質」という概念と「可分的」という概念が主語と述語の関係という規則にもとづいて一つに統一されるのである。したがって、思考と判断が可能であるためには、異なる概念を規則にもとづいて総合的に統一するような認識機能がなければならない。これが悟性（Verstand）という能力である。感性が受動的であるのとは対照的に、悟性は能動的である。

純粋悟性概念（カテゴリー）と超越論的対象X

だが、悟性は判断の能力、つまり概念と概念を一定の規則にしたがって総合的に統一する能力であると同時に、概念そのものを形成する能力、「概念の能力」でもある。というのも、概念とは、感性に与えられる多様な個別的表象を一定の規則にもとづいてまとめあげ、それらに恒常性と統一性を付与する機能をもっているからである。すでにあげた「家の概念」の例を思い出していただきたい。その概念は①②③④の規則性によって多様な印象をひとつにまとめあげるのである。そうだとすれば、概念の成立にも悟性が働いているにちがいない。カントの言いかたにしたがえばこうなる。

さまざまな表象を統一して一つの判断をつくりだす〔知性の〕同じ機能が、直観に含まれるさまざまな表象のたんなる総合に一つの統一性を与えもするのである（第二版一〇五ページ〔第二巻七一ページ〕）。

判断形式が概念と概念を結合する規則であり、人間に生得的にそなわっているとすれば、この同じ規則は、感性を通して与えられるさまざまな印象を結合する規則としても使うことができるはずだし、じっさい使われている。しかも、印象が規則にしたがって総合的に統一されることによってはじめて、対象が対象として構成されるのだから、これらの規則こそが対象の「存在」を構成していることになる。カントはこれらの規則を「純粋悟性概念」あるいは「カテゴリー」と呼び、これらの規則によって構成される万人に共通な対象を「超越論的対象X」と呼ぶ（第一版一〇九ページ〔第二巻二〇六ページ〕）。こうして、いまやわれわれは世界に「投げこまれている」にもかかわらず、〈われわれ〉の世界の存在構造を経験に先だって語ることができるのである。

三段階の総合

それでは、純粋悟性概念という規則性にもとづく対象的存在の構成は、具体的にどのようにおこなわれるのだろうか。これを説明するのが第一版「純粋悟性概念の演繹」の「三段階の総合」である。この説明によれば、対象的存在の構成には、悟性と純粋悟性概念だけではなく、そのほかにもさまざまな認識能力がかかわっていることがあきらかになる。

①直観における把捉の総合

規則性に気づくためには、対象の全体をただぼんやりと眺めているだけではだめである。まずその部分の一つひとつを見分けなければならない。たとえば、先にあげた宇宙人の例をふたたび取りあげてみよう。彼が「家」の規則性に気づくためには、まず①「屋根」に目を向けてその性状を直観によって捉え、つぎに②「壁」にまなざしを転じてその性状をふたたび直観によって捉え、そのようにして「次々に」進んでいかなければならない。カントは、われわれに与えられる多様な印象が一つひとつ通覧され、それらが時間にしたがって関連づけられる働きを、「直観における把捉（Apprehension）の総合」と呼ぶ。

そのさい重要なことは、この総合が「次々に」というふうに時間形式にしたがっておこなわれることである。たとえ空間的な現象であっても、その対象としての「存在」が認識されるためには、「時間形式」にしたがわざるをえない。

②想像力による再生の総合

「屋根」と「壁」と「窓」と「土台」のそれぞれに注目するとき、それらの「把捉」は順々におこなわれるほかないのだから、それらは同時に居あわせることがない。あるものを把捉するとき、先に把捉したものは過ぎ去っている。そこでもし私が、あるもの(たとえば「壁」)を把捉するときに、先行する表象(たとえば「屋根」)をいつも忘れてしまうとしたら、私はそれぞれの項目を比較できず、けっしてそれらの規則性に気づくことができない。そこで必要になるのが「想像力による再生の総合」である。想像力とは対象が目の前に存在しないときにも、そのイメージをありありと心に思い浮かばせてくれる能力である。規則性による存在の構成が可能であるためには、把捉が次の表象へ進むときに、先行する表象をそのつど想像力がいきいきと蘇らせなければならない。

③概念による再認の総合

ところが、私がいま思い浮かべているものが、私が一瞬間以前に思い浮かべていたものと〈同じもの〉に属しているという意識がなければ、以前に思い浮かべたものをいくら再生できたとしても、この両者を一つにまとめることができない。この〈同じもの〉に属するという意識を支えるのが概念である。というのも、概念とは一定の規則にしたがって複数の表象を必然的に結合する機能をもっており、この必然性が〈同じ〉という性格を保証するからである。たとえば、「家」という概念は、それぞれに再生された「屋根」と「壁」と「窓」と「土台」が同じ対象の構成要素であるということを保証するわけである。こうしたやりかたでなされる総合が「概念による再認の総合」である。

超越論的統覚

「概念による再認の総合」にはもう一つ条件が必要である。もしも、あるとき一定の表象を思い浮かべている〈私〉と、別のときに別の表象を思い浮かべている〈私〉とが、まったく別の〈私〉だったとしたらどうだろうか。そうなれば、この二つの表象を想像力によって再生しても、概念によって再認しようとしても無意味であろう。「規則による対象の存在の構成」を可能にする最高の条件は、「私という意識の同一性」である。つまり、すべての「存在」の根底には、私の意識の同一性がなければならない。カントはこうした〈私〉の同一性を「超越論的統覚（transzendentale Apperzeption）」と呼ぶ。

このような意識の統一がなければ、われわれはなにも認識できないし、認識したものをたがいに結合することも統一することもできない。この意識の統一は、直観において与えられるあらゆるものに先立つものであり、対象のすべての表象はこれと結びつくことで生じることができる。このように純粋で、根源的で、変化することのない意識を私は超越論的統覚の意識と呼ぶ（第一版一〇七ページ〔第二巻二〇三ページ〕）。

超越論的統覚と超越論的対象

したがってカントによれば、統覚のもとでの統一という原則こそが「人間のすべての認識の最高原則にほかならない」〈第二版一三二ページ〔第二巻一二〇ページ〕〉のだが、だからといって、この超越論的統覚が示す〈自我〉の概念を、すべての認識の根底にあってそれを支えるような一種の「実体」と解してはならない。こうした理解はカントが「超越論的弁証論」の第二篇第一章「純粋理性の誤謬推理」において強く戒めるところである。

むしろ、統覚もまた「規則にもとづく総合的統一」の働きにすぎない。先にあげた「三段階の総合」に即していえば、たしかにすでに思い浮かべていた表象といま思い浮かべている表象とにかんして「概念による再認の総合」が可能であるためには、その二つの表象が「同じ私の」表象でなければならないが、しかし他方では、この二つの表象がいずれも「私の意識」に属するものとして認識されるためには、両者が概念の規則によって必然的に結合される必要があるのである。したがって、根源的なのはあくまで悟性が行使する「総合的統一の働き」であり、純粋悟性概念が提供する「規則にもとづく統一」こそが、一方では超越論的対象という「同じ対象」の存在を可能にすると同時に、他方では超越論的統覚としての「同じ私」の存在を可能にする。つまりカントは、経験的レベルだけではなく超越論的レベルにおいても、純粋な関係性から主観と客観の対立を説明してみせるのであり、「関係性の哲学」としての超越論的哲学の姿勢を貫いているのである。

超越論的主観性と物自体

しかし、カントが「関係性の哲学」を展開すればするほど、皮肉なことにその網の目からこぼれ落ちてしまうものも目立つようになる。「物自体」の存在がそれである。カントによれば、われわれの認識の及ぶ範囲は現象でしかないのだから、物自体は認識不可能である。しかし、物自体による「触発」によってはじめて認識機能は発動されるのだから、物自体を想定しないわけにはいかない。カント哲学は認識の網の目には原理的に入ってこられないような存在を想定せざるをえないのである。そうだとすれば、カントの超越論的哲学はすべてを純粋な「関係性」に還元するための哲学的な道具立てとして、「物自体」と「超越論的統覚」という二つのけっしてたがいに関係しない対立項を必要とすることになる。カント哲学は、近代哲学を悩ませてきた主観・客観の対立を経験世界（人間的世界）において解消することには成功したが、この成功は、主観・客観の対立を超経験的世界（哲学知の世界）においていっそう強化されたかたちで反復するという代償を払ってのことでしかなかったのである。

カントに続いて登場するラインホルトやフィヒテがカント哲学を批判するのは、彼らがカントの超越論的哲学の立場に反対だったからではなく、カントがみずからの「関係性」の哲学を充分に徹底化せずに、「形而上学」の残滓《ざんし》を温存してしまったからである。たとえばフィヒテはこう批判する。

カントの批判は、批判と名乗っているが、純粋な批判ではなく、それ自体大部分は形而上学である（『知識学あるいはいわゆる哲学の概念について』〔以後『知識学の概念』と略記〕隈元忠敬訳、『フィヒテ全集』第四巻、晢書房、一七ページ）。

したがって、カント哲学を「その文字においてだけでなく、その精神において理解しよう」（『哲学における精神と文字の区別について』、『学者の義務について――イエナ講義一七九四～九五年』所収、哲学叢書、第二七四巻、フェリックス・マイナー出版、一九七一年、五八ページ以下）とする者に求められるのは、「もし理性的存在者が、経験においてある法則にしたがってふるまい、またふるまわなければならないとすれば、哲学の領域においてもそれと同じ法則においてふるまわなければならない」（『新しい方法による知識学』哲学叢書第三三六巻、一九八二年、二三ページ）ということである。それでは、カントの精神とはなにか。フィヒテはこう語る。

関係こそが絶対的であるべきであり、絶対的なものは関係以上のものであってはならない（『全知識学の基礎』隈元忠敬訳、『フィヒテ全集』第四巻、二一〇ページ）。

3　『世界市民という視点からみた普遍史の理念』

すでに述べたように、「知的直観の否定」と「自然科学の成功」という『純粋理性批判』の二つの前提は、人類史の出発点と到達点を示すものであった。われわれ人類はこの世界にいわれなく投げこまれた無力な異邦人であることを脱して、いまや「理性が先導し……自然を強制して、みずから立てた問いに答えさせる」ことができるまでになっている。そして、世界にたいする「受動性」から「能動性」へのこうした態度変更は、人間が孤独な〈私〉を脱して、〈われわれ〉の共同体を構築できるところにまで達していることを示していた。「純粋理性批判」という哲学的な企てそのものが、こうした「歴史哲学」にもとづいてはじめて可能になるのである。そうだとすれば、この「歴史哲学」は彼の歴史論文にも当然現われるはずである。じっさい『純粋理性批判』の三年後に書かれた『世界市民という視点からみた普遍史の理念』（一七八四年）がそうである。表題からしてそれを暗示している。というのも、この著作は、歴史を世界市民《コスモポリタン》としての〈われわれ〉という世界共同体へ必然的に向かうものとみなし、この視点から新たな人類史を構想しようとする企てだからである。カントはこう主張する。

> 自然の計画は、人類において完全な市民連合をつくりだすことにある。だからこの計画にしたがって人類の普遍史を書こうとする哲学的な試みが可能であるだけではなく、これは自然のこうした意図を促進する企てとみなす必要がある（中山元訳、『永遠平和のために／啓蒙とは何か』、古典新訳文庫、光文社、六〇ページ）。

とはいえ、世界共同体へ向かうこうした必然的な展開を歴史のうちに想定することがどうしてできるのだろうか。というのも、歴史は個人の自由意志が発揮される本来的舞台であり、ばらばらな個人が自分のことだけを考えて行動しているように見えるからである。そこでカントは、個人の結婚や出産や死亡の年間統計を例にあげる。たしかに、こうした出来事は人間の自由意識によって大きく左右され、その発生件数をあらかじめ決定できるような規則はなさそうに見える。しかし、大国の結婚、出産、死亡にかんする年間統計は、これらの出来事が天候と同じく一定の自然法則にしたがっていることを教えている（三二～三三ページ）。そこでカントはこう結論する。

個々の人間も、国民全体も、それぞれが自分の意志にしたがいながら、そしてしばしば他者と対立しながら、自分の意図を実現しようと努力しているのであるが、それでもみずからは認識することのできない〈自然の意図〉に、いつのまにかしたがっている（三三ページ）。

それでは、人間はこの〈自然の意図〉をどのようにして実現するのだろうか。『純粋理性批判』の「歴史哲学」の二つの前提、つまり孤独な〈私〉への傾向と〈われわれ〉への傾向という人間の根本的素質の対立関係によってである。

自然が人間のすべての素質を完全に発達させるために利用した手段は、社会においてこれらの素質をたがいに対立させせることだった。やがてこの対立関係こそが、最終的には法則に適った秩序をつくりだす原因となるのである。対立関係ということばはここでは人間の非社交的社交性という意味で理解していただきたい（四〇ページ）。

人間には「集まって社会を形成しようとする傾向」がそなわっている反面、「ひとりになろうとする傾向、孤立しようとする傾向」（四〇ページ）もまたある。そして、自然は普遍史を展開する原動力を、人間のこの二つの根本的傾向の矛盾のうちに見いだすのである。たしかに、非社交的な特性はあまり好ましいものではなく、この特性のせいで人間はたがいに妬み、けっして満たされない所有欲や支配欲をもつことになる。しかし、この非社交性がなければ、人間はいつまでも牧歌的な牧羊生活をすごしていただろうし、そのすべての才能は萌芽のままに永遠に埋没してしまったことだろう。たしかに人間は協調を望むが、非社交性なしには協調性への欲求が真に掻きたてられることもなかったであろう。カントによれば、「非社交的社交性」という対立関係がたどりつく最終的な成果は、「法が普遍的に施行される市民社会の設立」（四三〜四四ページ）である。というのも、市民社会とは、「だれも抵抗できない権力のもとで外的な法律に守られている自由が、できるかぎり最大限に実現されるような社会」（四四ページ）だからである。

そしてさらに、この「非社交的社交性」という対立関係は、ばらばらな個人から市民社会をつくりだす原動力であるばかりではなく、社会と社会、国家と国家のあいだに市民社会のそれに似た法治体制を樹立することにも貢献する。

こうして自然はふたたび、人間の協調性の欠如を利用することになる。ただし今度は、この被造物がつくる大きな社会と国家に見られる協調性の欠如を利用し、諸国家を避けがたい敵対関係のうちに置き、そこから平穏と治安を樹立しようとするのである。すなわち自然は戦争を通じて……国内の窮迫を実感させる。そして……さまざまな荒廃、政府の転覆、国力の徹底した消耗などを経験した後になって、やっとのことで、理性があればこれほど痛ましい経験を積まなくても実現できたはずのこと、すなわち無法な未開の状態から抜けだして、国際的な連合を設立するという課題を実現するようになるのである（四九ページ）。

ここでカントが語る「戦争論」はあまりにも楽観的というほかないが、彼が楽観的になれるのも、すでにして〈われわれ〉の共同体が可能になる歴史的状況が整っているという確信が根底にあるからなのである。

4　カントの「関係性の哲学」とラインホルトの「基礎哲学」

『カント哲学についての書簡』

カントの主著『純粋理性批判』は一七八一年に出版されたが、数年間はなんの反響もなかった。この書物があまりにも浩瀚《こうかん》で難解であったために、その意義を認めることができる人はほとんどいなかったのである。そこで痺《しび》れを切らしたカントはみずから『プロレゴーメナ』（一七八四年）という解説書を書いたが、なんの効果もなかった。そんなときに広範な読者層をもつ『ドイツ・メルクール』という雑誌に、『純粋理性批判』を熱狂的に支持する本格的な評論が発表された。それまでほとんど無名であったラインホルトという青年が書いた『カント哲学にかんする書簡』（一七八六年）によって、カントの主著は当時の人びとの近づけるものになっただけではなく、ほとんどの人はまずこの著書を手引きとしてカント哲学を学んだ。

これをとても喜んだカントは、ラインホルトこそはみずからの正当な理解者であるというお墨付きを与えたために、この青年の名前は一躍学界の注目するところとなった。そのおかげもあって、彼はさっそく一七八七年にイエナ大学に招聘《しょうへい》される。そしてそこで次々に著作を刊行し、カントの批判哲学をさらに発展させてみずからの哲学をつくりあげていく。この時期に彼が刊行した著作には以下のようなものがある。

一七八九年『人間の表象能力の新理論の試み』
一七九〇年『哲学者たちの従来の誤解を訂正するための寄与I』
一七九一年『哲学的知の基礎』

こうしてイエナ大学は、カント研究の拠点となっていく。そして彼が一七九三年にイエナを去ってキール大学に赴任すると、同じくカントのおかげで有名になったもうひとりのカント主義者がその後を継ぐことになる。フィヒテである。さらにフィヒテが一七九九年にイエナを去ると、そのあとにシェリングが、二年遅れてヘーゲルがやってくる。こうして、イエナはドイツ観念論の中心地となっていくのである。

カント主義者になるまでのラインホルト

まず学界にデビューするまでのラインホルトの簡単なプロフィルを紹介しておこう。

カール・レオンハルト・ラインホルト（Karl Leonhard Reinhold 一七五八〜一八二三）は、一七五八年一〇月二六日にウィーンに生まれた。イエズス会とバルナバ会（いずれもカトリック）の学校に通い、そこで教区司祭と哲学教師を務めたが、一七八三年にライプツィヒに移り、プロテスタントに転向した。それにともない、フリーメーソンと啓明結社（Illuminati）のメンバーとなり、急進的な啓蒙主義者となった。一七八四年、ワイマールに移住し、そこでドイツの啓蒙主義的詩人ヴィーラント（Christoph Martin Wieland 一七三三〜一八一三）の娘婿になり、それをきっかけに彼の雑誌『ドイツ・メルクール』の共同発行人となった。『カント哲学にかんする書簡』が書簡形式で発表されたのはこの雑誌であった。

「基礎哲学」と「意識律」

ラインホルトはカント哲学の解説を出版したのちに、それをさらに発展させて独自の哲学を展開し、みずからの哲学を「基礎哲学（Elementarphilosophie）」と呼んだ。そしてその根本原理が「意識律（Satz des Bewußtseins）」である。しかし、彼の基礎哲学はカントの批判哲学とどのような関係にあるのだろうか。この関係を考察すれば、当時の哲学者たちがカントの批判哲学の本質をどこに見ていたかがあきらかになり、一九世紀のバイアスのかかったカント解釈、つまり、カント哲学は自然哲学の哲学的基礎づけだという新カント派的な解釈から距離を取れるようになるだろう。

すでに述べたように、カントに出会うまでのラインホルトは急進的な啓蒙主義者であった。彼はみずからの使命が思弁的思索にふけることではなく、啓蒙主義の原理を日常生活に適用することにあると信じていた。ところが、この確信を推し進めていくうちに彼は疑問を抱くようになった。なぜなら、啓蒙を推し進めていけば、神の存在と人間の魂の不死性という、人間が生きていくうえでもっとも重要な信念がその根拠を奪われていくからである。その証拠に、この問題をめぐってライプニッツ派とロック派、自然主義と超自然主義、独断主義と懐疑主義が収拾のつかない論争をくり広げていた。こうした状態が続けば、道徳と宗教が動揺するだけではなく、理性そのものの権威さえもが疑われるようになり、懐疑主義がはびこることになるだろう。それでは、啓蒙主義を貫徹しながら啓蒙主義の破壊作用を防ぐにはどうしたらよいだろうか。ラインホルトはその解決策をカントの『純粋理性批判』のうちに見いだす。

著者〔ラインホルト〕が『純粋理性批判』の研究に没頭するようになったのは、宗教と道徳の根本真理の認識根拠をすべての形而上学から独立させようとする試みを、とりわけそこに認めうると信じるようになったからである（『人間の表象能力の新理論の試み』哲学叢書、第五九九ａ～五九九ｂ巻、二〇一〇～二〇一二年、五四ページ）。

ラインホルトによれば、従来のすべての学派が収拾のつかない論争に陥ってしまうのは、彼らがある共通の「形而上学的態度」にしがみついているからである。彼らは「認識能力の本性と範囲を認識された対象から規定する」という態度を共有していた。たとえば、ライプニッツ派は生得的な観念を、ロック派はわれわれの心の外にある対象を、争う余地のない認識対象とみなし、そのいずれかから認識可能性の条件と法則を導きだそうとしてきた（『新理論の試み』四五ページ）。そこで彼らは、神とか人間の魂にもこの思考習慣を適用しようとした。つまり、それらを超感性的な対象としてあらかじめ立てておいて、そのうえでそれらが認識可能であるかどうかを問題にしてきたのである。

だが、超感性的な対象が認識可能であるかどうかという論争に決着をつけるためには、そもそも「認識可能性一般」という概念がかつてなされた以上に詳細かつ完全に規定されるべきだったのに、すべての学派はその努力を怠ってしまった。それにたいして、『純粋理性批判』だけは決定的な発想の転換をおこなうことによってこの問題を解決した。つまりそれは、「認識能力の本性と範囲を認識された対象から規定するのではなく、むしろ対象そのものの認識可能性をたんなる認識能力から規定するようにした」（四五ページ）のである。

基礎哲学と形而上学

一般に形而上学とは「存在者であるかぎりでの存在者」をみずからの対象とする。しかし、ラインホルトにとってそれは次のことを意味する。

形而上学の第一原理が事物一般という概念を表現しているかぎり、この概念と、それによって提示される事物のいわゆる定義は、それ以上の説明を形而上学に求めてはならない。……この概念はすべてのものにおいて前提されるのだから、そうしたいかなる説明も許されないのである（『哲学者たちの従来の誤解を訂正するための寄与Ⅰ』〔以後、『寄与Ⅰ』と略記〕哲学叢書、第五五四a巻、二〇〇三年、九二ページ）。

ところで、『純粋理性批判』は「事物一般」を素朴に前提するのではなく、それを認識能力から規定しようとするのだから、「これまで第一哲学とみなされてきた存在論にさえ先行するような学」を想定していたことになる。そして存在論にかわるこの新たな第一哲学こそは、ラインホルトの「基礎哲学」である。

私は論理学と形而上学、道徳と自然法……が前提し、それらによっては調達されえないような学を基礎哲学と呼び、かつて存在論が得ていた第一哲学（philosophia prima）という名称をそのために要求する（『寄与Ⅰ』九九ページ）。

基礎哲学の根本原理としての「意識律」

そして、ラインホルトはみずからの基礎哲学の根本原理として「意識律」なるものを掲げるのだが、それは『寄与I』においては次のように表現される。

表象は意識において表象されるもの〔客観〕と表象するもの〔主観〕から区別されると同時に、それに関係づけられる（『寄与I』九九ページ）。

この根本原理が意味するのは次のようなことであろう。

われわれはみずからを振りかえれば、意識の働きにただちに気づく。どんな知識も意識の存在という事実から始まる。さらにわれわれは、この意識においては表象されたもの〔客観＝事物〕と表象するもの〔主観〕とが同じではないということも、この両者がたんなる表象ではないこともただちに知ることができる。つまり意識は、「表象」と「表象されるもの」と「表象するもの」という、たがいに還元することも、たがいから導きだすこともできない三つの要素から成りたっているわけである。

しかしだからといって、客観それ自体や主観それ自体がなんであるかを表象なしに知ることはできない。また逆に、どんな客観も主観も想定せずに表象というものを考えることもできない。それはどんな対象ももたない、どんな主観の働きでもないような表象を考えることだからである。つまり、この三つの要素は相互関係においてしか存在できないのである。こうして、表象とその客観と主観とはたがいに区別されると同時に、たがいに絶対的に関係づけられてもいる。

この三つの概念はすべて、その対象、つまり表象と表象するものと表象されるものがそれらの相互関係以外のものによって考えられるならば、誤解されるだろう。……したがってそれらは、表象か表象するものか表象されるものが物自体として、ほかのものから独立したものとして考えることができると思われた瞬間に、誤解されることになる（一〇〇ページ）。

したがって「意識律」が語るのは、「表象と表象するものと表象されるものの相互作用」以外のなにものでもない。それは、客観と主観の存在をいったん括弧《かっこ》に入れて、その〈あいだ〉そのもの、純粋な関係そのものに出発点を据えるのである。カントの超越論的哲学は客観そのものを対象とする形而上学でもなければ、主観そのものを対象とする心理学でもなく、〈あいだ〉の哲学、〈関係性〉の哲学だと述べておいたが、ラインホルトの意識律は超越論的哲学の本質を的確に捉えている。フレデリック・バイザーは『理性の運命――カントからフィヒテまでのドイツ哲学』（ハーバード大学出版、一九八七年）において、「基礎哲学は、現代の用語を使えば『意識の現象学』である」（二四七ページ）と語り、「基礎哲学の現象学的方法は、直接的事実を記述するために、すべての形而上学的な概念を括弧に入れる」（二三一ページ）と語っているが、ラインホルトの基礎哲学がそうしたものであるのは、カントの超越論的哲学がもともとそうした現象学的な性格をもっていたからにほかならない。

ラインホルトのカント批判

とはいえ他方で、ラインホルトはカント哲学のもとに踏みとどまるわけにはいかず、それはさらに徹底化されなければならないと考えた。というのも、カント哲学の狙いは正しいとしても、それがみずからの理想をある点で裏切ってしまっているからである。バイザーはこの事態を次のように表現する。

ラインホルトのカント批判は厳密に内在的である。彼はカントを彼自身の理想に照らして評価する。ラインホルトの見解によれば、批判哲学の根本問題は、その理想と実践、その目標と成果の不一致である（『理性の運命』二四〇ページ）。

それでは、批判哲学の「理想と実践、目標と成果の不一致」はどこにあったのだろうか。カントの目標はすべての形而上学的な概念を括弧に入れて、それを純粋な関係性に還元することにあったはずなのに、じっさいには「形而上学の残滓」が残っている。しかもその原因は、こともあろうに、カント批判哲学のもっとも独創的な功績である「コペルニクス的転回」にある。ラインホルトによれば、この「革命」は不十分なものでしかなかった。カントは「対象そのものの認識可能性をたんなる認識能力から規定しようとしたし、『純粋理性批判』はたんなる認識能力の概念をはじめて提出し展開した」のだが、彼は「認識能力」ではなく、さらに「表象能力」にまで立ちもどるべきだったのである。

たとえば、カントは認識能力に、感性と悟性と理性を区別し、そのアプリオリな形式として空間と時間の直観形式と純粋悟性概念（カテゴリー）と理念を区別したが、それらの「あいだの」関係をあきらかにすることができなかった。もし彼が表象能力にまで立ちもどっていれば、この三者を共通の類のうちに統一できたはずである。というのも、そのいずれも「表象」だからである。そしてそうなれば、意識律によってそれらの対立を純粋な関係性から演繹できたはずである。

しかし、もっと重要なのは、認識の「対象」と表象の「対象」との性格の違いである。表象一般の「対象」は、それ自体が表象であってもいいし、表象するもの、つまり主観であってもよい。私は私の心のなかにあるイメージ、観念を対象にすることができるし、私という主観を反省することもできる。私はどんな実在も想定する必要がない。それにたいして、認識の「対象」となるとそうはいかない。それは定義からしてなんらかの客観的実在性をもたなければならない。認識の対象は、たんなる表象からも表象するものからも区別された表象されたものでなければならないし、ある意味で表象の働きからなんらかの仕方で独立したものでなければならない。だがそうなれば、「すでに存在するもの（Vorhanden）」という性格をもった存在が忍びこみ、形而上学的な残滓が温存されてしまう危険性が高まる。

ラインホルトは「意識律」とは区別して「認識律」を次のように表現する。

認識においては、表象された対象は、表象された表象からも、表象するものからも区別される（『寄与Ⅰ』一五七ページ）。

「認識律」においては、区別の働きと関係の働きが相関関係にあった「意識律」とは違って、区別の働きだけが強調されていることに注意していただきたい。ラインホルトは一方的な区別の働きによって忍び寄る形而上学の残滓を、たとえばカントの認識能力の重要な構成要素である「悟性」と「思考」という概念のうちに見てとる。

思考するとは表象を結合することであり、対象が思考可能になるのは、その対象に対応する表象が結合されるかぎりにおいてである。したがって、思考するとは、表象をもつことや表象を生みだすことではなく、すでに存在する（vorhanden）表象を結合し、それによって概念と呼ばれる新しい表象を産出することであり、対象が思考可能であるとか、事物であるとか呼ばれるのは、その対象が表象されたものとして表象可能なばあいである。事物とは、表象された徴表の総体、表象されたものの統一、客観的統一として理解されているのであり、それらは表象された多様な所産でしかありえない（『寄与Ⅰ』九五ページ）。

事物が表象された所産の統一でしかない以上、その所産はそれに先行する表象に関係しているはずなのだが、この関係は無視されてしまう。こうした態度は、「表象された所産であるかぎりでの事物にしかかかわらない」形而上学の態度と変わらない。したがって、カントの総合的統一としての事物という考えかたのうちにすでに形而上学の影が忍び寄っているのである。

カントの「経験」概念

だがさらに深刻なのは、形而上学の残滓がカントの「経験」概念のうちにも潜んでいることである。たしかに、「経験こそは『純粋理性批判』の究極の根拠にして基礎である」。というのも、直観形式やカテゴリーのアプリオリな性格はこの形式の必然性にもとづいて証明され、さらにこの必然性はその形式によって経験が可能になるということによって証明されるからである。

『純粋理性批判』においては、表象の形式のアプリオリな性格はこの形式の必然性にもとづいて、そしてこの必然性はそれによって思考可能になる経験の可能性にもとづいて証明される。「経験を可能にする」というそれら形式の根源的規定にもとづいて、そうした形式の客観的実在性が経験の対象に限られることが示される。……したがって、経験こそは、純粋理性批判のすぐれた体系がその上で展開される真の究極の根拠であり、基礎である（『寄与I』一九三ページ）。

しかし、カントの「経験」が彼の体系の「真の究極の基礎」だということは、「経験」そのものは体系に先だって存在する根源的な「事実」だということである。しかも、カントの「経験」においては、「必然的に規定された法則的連関のうちにある一連の知覚という表象が事実として仮定されている」（同上）。こうして、ラインホルトはカントの体系の根拠そのもののうちに形而上学の残滓が潜んでいると主張する。

彼の指摘はたしかに正しい。カントはみずからの経験概念を、自然科学の成功という現在の歴史的「事実」から導きだしたにすぎなかったからである。しかしカントにしてみれば、この歴史的現在においてはじめてそもそも『純粋理性批判』という著作を書くことができるのであり、哲学は「ここ」と「いま」という歴史的制約を離れて営まれることはありえなかったのである。そうした意味ではカントの批判哲学が啓蒙主義の歴史意識に忠実であったのにたいして、ラインホルトにはそうした歴史意識がまったく欠けている。そして、この欠落が彼の基礎哲学の限界をも同時に示している。

ラインホルト哲学の功績と限界

ラインホルトがカント哲学の本質を「関係性」の哲学に見たのは正しいし、カント哲学がすべてを関係性に還元するというみずからの意図を果たせなかったと批判したのも正しい。カントの『純粋理性批判』は、「すでにそこにある」世界から出発するために、結局は「物自体」と「超越論的主観性」というけっして関係しあうことのない対立項を後に残してしまう。だからこそ、ラインホルトは「意識律」から、つまり意識の純粋な「関係性」から人間のすべての能力を、論理学と形而上学、道徳と宗教のすべての概念を導きだすことで、カント哲学を完成しようとしたわけである。彼のこうしたカント理解とカント徹底化の試みは、次章であきらかになるように、フィヒテ哲学を先取りするものであり、カントからフィヒテへのドイツ観念論の展開はラインホルトの基礎哲学をあいだに置くことによってはじめて理解できるものになる。じっさい、フィヒテはラインホルトを次のように評価している。

著者は同じく衷心から次のことを確信している。すなわち、カントの独創的な精神以後において哲学にたいして与えられた贈り物のなかで、ラインホルトの体系的精神による贈り物以上のものはなかったということを。また著者は、哲学というものは何ぴとの手によるにせよ必然的にさらなる進歩を遂げなければならないなかにあって、ラインホルトの基礎哲学がいつまでも主張するであろう名誉ある地位については、これをよく知っているつもりである（『知識学の概念』隈元忠敬訳、『フィヒテ全集』第四巻、一四ページ）。

それでは、なぜラインホルトは乗り越えられなければならなかったのだろうか。それは、基礎哲学にはこの哲学を展開する「哲学者」の立場にたいする反省が欠落しているからである。基礎哲学において意識律が含意する内容を分析的に抽出し、体系を展開していくのはラインホルトという「哲学者」なのだが、なぜ彼だけがそうしたことができるのかの考察がないために、ラインホルトという「哲学者」だけは「関係性」の外部にとどまり、いわば「形而上学的な残滓」になってしまう。『純粋理性批判』は「いま」「ここで」のみ書くことが可能になるというカントのあの歴史意識がラインホルトにはまったく欠落しているのである。

しかし彼がもともと望んでいたのは、形而上学的な思弁に閉じこもることではなく、啓蒙主義の運動を思想的に実践し、その理想を現実の世界に実現することだったはずである。ラインホルトの哲学は彼の理想を裏切っている。したがって、基礎哲学がみずからの意図を実現するためには、「哲学者」自身が関係性のうちに降りてこなければならない。言いかえれば、基礎哲学が対象とする「意識」自身が、その体系を展開する「主体」とならなければならない。意識はみずからが含んでいる可能性をみずから実現していくような能動的で実践的なものにならなければならない。こうした要求を満たそうとするのが、フィヒテの『知識学』である。この哲学を展開する主体は、つねにみずからを自分自身によって定立するような自我なのである。

第二章　フィヒテの『知識学』

――フランス革命の哲学

1　自由の体系は可能か

カントの『純粋理性批判』が「ドイツ観念論」の幕開けを告げる著作だったとすれば、その第二幕を開いた著作はフィヒテの『全知識学の基礎』である。そこでまず、フィヒテについても彼が哲学の表舞台に登場するまでの簡単なプロフィルを紹介しておこう。

ヨハン・ゴットリープ・フィヒテ（Johann Gottlieb Fichte 一七六二〜一八一四）は、ドイツのドレスデン近郊の寒村ランメナウに生まれた。家が貧しかったためにちゃんとした教育を受けられなかったが、頭がよく、とりわけ記憶力がすぐれていたので、教会で牧師がおこなった説教をすぐに覚えてしまい、それを人前ですらすらと語ることができた。田舎に神童がいるという噂を聞きつけたミリティッツ侯という貴族が少年を呼びつけたところ、この少年は彼のまえで説教をみごとに復唱してみせた。それに感動したこの貴族が学資の援助を申しでてくれたために、フィヒテの将来が開かれることになった。フィヒテはまず、一七七四年にドイツの名門校であるプフォルタ学院に学び（ここにはのちにノヴァーリス、シュレーゲル兄弟、ランケ、ニーチェなどが通うことになる）、次いで一七八〇年にイエナ大学に進学した。

ところが、ミリティッツ侯の死去により学費がストップしたために、フィヒテはひどい困窮に陥り、一時は自殺を考えたほどであったが、友人がスイスのチューリヒの家庭教師の口を紹介してくれた。そのおかげで彼の生活はすこし落ち着き、生涯の伴侶も見つけることができた。そんなときに、家庭教師をしている学生から、当時話題の哲学者であったカントについて教えてくれという要望があった。それがきっかけでフィヒテはカントの本を読みはじめるのだが、とたんにその哲学に魅了されてしまう。そこで彼は、一七九一年にケーニヒスベルクのカントの自宅を訪れた。ところが、滞在中に所持金が底をついてしまい、こともあろうにカントに借金を申しこんだ。カントはもちろん断ったが、そのかわりに自分が出版に尽力するからなにか本を書いてみてはどうかと提案した。

そこでフィヒテはわずか数週間で一冊の本を書きあげる。これが『あらゆる啓示の批判の試み』（一七九二年）である。この著書は匿名で出版されたために、著者はカントにちがいないという噂が立ってしまった。カントは三批判書のあとに宗教哲学の本を出すと約束していたからである。そこでカントは、この噂を打ち消すために、ほんとうの著者の名前をあきらかにせざるをえなかった。その結果、フィヒテの名前が一躍哲学の世界に知られるようになり、彼こそがカントの有力な後継者であるという評判が広まった。そのおかげもあって、フィヒテは一七九四年にラインホルトの後をついでイエナ大学の哲学教授になることができた。そして、フィヒテはこのイエナでみずからの独創的な哲学を展開する。それを予告するパンフレットとして発表されたのが『知識学の概念』（一七九四年）であり、講義草稿として書かれたのが、主著『全知識学の基礎』（一七九四年）である。これによってドイツ観念論運動の主導権はフィヒテに移ることになる。

フィヒテとフランス革命

それでは、カントとフィヒテの哲学思想の決定的な違いはどこにあるのだろうか。それを手っ取りばやく知りたければ、『純粋理性批判』が出版された一七八一年（第二版は一七八七年）と『全知識学の基礎』が出版された一七九四年のあいだに、ヨーロッパでなにが起こったかを思い出してみるとよい。その決定的な事件とは一七八九年に勃発したフランス革命である。

フランス革命が勃発するやいなや、カントがそれに敏感に反応し深い共感を示したことはすでに述べた。しかし残念なことに、そのときすでにカントは思想形成を終えていた。フランス革命勃発時、カントはすでに六五歳になっていた。それにたいして、当時二七歳であったフィヒテはまさにこのフランス革命という歴史的事件に触発されて、みずからの哲学体系をつくりあげていった。フィヒテの哲学は「フランス革命の哲学」と呼ぶことができる。じっさい彼はある書簡でそのことをみずから証言している。

> 私の体系は最初の自由の体系です。あの〔フランス〕国民が人間を外的な鎖から解放したように、私の体系は、カントの体系さえも含めた従来のほかのすべての体系において多少なりとも人間を拘束していた物自体と外的影響から解放します。そしてその第一原理は、人間を自立した存在として立てることです。……私がこの体系の最初のヒントと予感を得たのは、フランス革命についてて書いたときでした。ですから、私のこの体系はそれだけでもすでにいわばこの国民のものなのです（一七九五年三月あるいは四月のバーゲゼン宛書簡）。

フィヒテが「フランス革命についてはじめて書いた」本とは、『フランス革命についての大衆の判断を正すための寄与』（一七九三〜九四年）〔以後、『フランス革命』と略記〕である。ところが不思議なことに、ここではバスチーユ監獄の襲撃といった具体的な政治事件にはいっさい触れられていないし、ダントンやロベスピエールといった具体的な人名もいっさい出てこない。フィヒテにとって、フランス革命は隣国フランスでたまたま起こった事件ではないし、政治的事件でさえなかった。

私にはフランス革命は、人類全体にとっての重大事に思える。私が言いたいのは、革命がフランスとその近くの国々にもたらした政治的帰結や、これらの国々の余計な干渉や浅薄な自負がなければおそらく起きなかった政治的帰結のことではない。こうしたすべてはそれ自体大事かもしれないが、いずれにしてもはるかに重要なことと比べれば取るにたらないことである（田村一郎訳、『フィヒテ全集』第二巻、七五ページ）。

むしろこの事件は人類全体にとって象徴的な意味をもつ事件であり、人類の歴史がある意味で完結し、もはや後もどりできない決定的に新しい出発点に立っていることを示すものであった。では、その決定的に新しい出発点とはどのようなものであったか。それは、人類がもはや自分の外部のもの、伝統的な権威や慣習に依存することなく、自分自身の権利と価値に気づき、自分自身から、つまりみずからの「自由」という唯一の原理にもとづいてまったく新しい社会の建設に着手したということにあった。「私にはフランス革命は、人間の権利と人間の価値という偉大なテクストの豊かな絵画に思える」（七五ページ）。

バーク『フランス革命についての省察』

ところが、こうしたフランス革命の評価は重要な難問に直面する。これを最初に指摘したのはイギリスの思想家エドマンド・バーク（Edmund Burke 一七二九～一七九七）の『フランス革命についての省察』（一七九〇年）である。そしてバークのこの著作は、ゲンツ（Friedrich von Gentz 一七六四～一八三二）、レーベルク（August Wilhelm Rehberg 一七五二～一八三六）、ブランデス（Ernst Brandes 一七五八～一八一〇）といったドイツの保守的な思想家たちに強い影響を与え、ドイツにただちに輸入される。レーベルクとブランデスはバークの著書にかんする書評を書き、ゲンツはその翻訳を一七九三年に出版している。もちろん、フィヒテは彼らの主張をよく知っていた。「私は、ドイツのソフィストのうちのひとり〔レーベルク〕とも真剣に論議した」（『フランス革命』八二ページ）。

彼らの主張を要約すればこうである。革命派は「自由」という原理による社会建設を主張するが、この主張はあきらかに馬鹿げている。なぜなら、「自由」という原理からはどんな具体的な政治的原理も道徳的規範も導きだせないからである。現実の社会にはさまざまな「利害」が対立しあっている。しかし、革命派はこうした対立を調停するどんな原理ももっていないのだから、社会をむき出しの力の闘争に委ねるしかなく、結果的に恐怖政治、独裁政治にゆきつくほかはない。だが、われわれ人類はそれを防ぐために調停する制度を長い時間をかけて育てあげてきた。たとえば、バークはこう語る。

こうして世襲を選ぶことにより、われわれは、自分たちの政治の枠組みに、血のつながりというすがたを与えたのであって、われわれの国の国家構造をもっとも親密な家族的きずなに結びつけ、われわれの基本法をわれわれの家族的愛情の奥底に取り入れ、われわれの国家と炉端と墓地と祭壇を、不可分に保持し、それらすべての、結合し相互に反映する慈愛の暖かさをもって、慈しんできたのである（『フランス革命についての省察』（第一巻）水田洋・水田珠枝訳、中公クラシックス、中央公論新社、六一～二ページ）。

そこでバークはこう結論する。

先入見の衣服を投げ捨てて裸の理性しか残さないよりは、先入見を、それに包まれた理性とともに持続するほうが賢い（一六〇ページ）。

バークによれば、平和な社会に暮らしたければ、自由という「すべての罪を償う名称」（第二巻、一九二ページ）を振りかざすよりも、むしろ伝統的な身分社会を温存すべきなのである。したがって、フィヒテがこうした保守派の主張に対抗して「フランス革命」の歴史的意義を主張しようとすれば、「自由」のみにもとづく政治制度や社会システムの建設が可能だということ、つまり、「自由の体系」

が可能だということを証明しなければならない。先にあげた書簡のなかでフィヒテがこう言っていたのを思い出していただきたい。「私の体系は最初の自由の体系です」。

フィヒテの「自由の体系」

しかし、「自由の体系」などというものは形容矛盾ではないか。そんなものがいったいどのようにして可能なのだろうか。フィヒテがこの難問を解決するためによりどころとしたのは、カントの『純粋理性批判』であった。カントは「自分の理性を使う勇気をもて」と訴え、そのために、人間が自分の外部にいっさい依存せずに自力でみずからの能力を総点検することが必要だとして、純粋理性の批判をおこなった。つまり、これはいわば人間の能力の人間自身による自由な総点検だったわけである。

だが、フィヒテはある一点においてカントに賛成できなかった。それはカントの批判の出発点である。カントによれば、批判が納得ゆくものであるためには、それは人間の根源的状況から出発しなければならない。ではそれはどのような状況か。人間はひとりぼっちでいわれなくこの世界のうちに投げ入れられており、したがって、世界はいつでも原理的に「われわれに先だってすでにそこにある」、というのがそれである。カントの批判哲学はこうした状況から出発するために、〈関係性〉の哲学を標榜《ひょうぼう》しながらも、「物自体」と「超越論的主観性」というたがいにけっして関係しない対立を、つまり、いっそう強化されたかたちでの「主観と客観の対立」を復活させてしまう。フィヒテはラインホルトと同様に、カントをこう批判する。

カントの批判は、批判と名乗ってはいるが、純粋な批判ではなく、それ自体大部分は形而上学である（『知識学の概念』隈元忠敬訳、『フィヒテ全集』第四巻、一七ページ）。

ところで、世界の存在の本質がわれわれに先だって「すでにそこにあること」でしかなければ、われわれはどうしてそれをいわばゼロから新たに作りあげることができるだろうか。もしそうなら、「自由」とは内面の自由としてわれわれのうちに封じこめられるか、さもなければわれわれの幻想でしかなくなり、けっして世界のありかたに影響を及ぼすことができなくなる。したがって、フィヒテが「自由の体系」の可能性を証明するためには、存在＝「すでにそこにあること」という存在概念を乗り越えなければならない。では彼が提案する独自の解決策とはどういうものか。一言でいえば、「自由」を従来のように人間の行動や意志の性質と考えるのではなく、一つの存在概念として解釈しなおすことである。そしてこの点にこそドイツ観念論にたいするフィヒテの決定的な貢献がある。シェリングもヘーゲルも「存在概念としての自由」というこの発想を原理的にはそのまま引き継いでいる。これを前提しておかなければ、彼らの思想をうまく理解することはできないだろう。

消極的自由と積極的自由

「存在概念としての自由」とはどういうことかを説明するために、まず「自由」とはなんであるかを考えてみよう。われわれはたいていのばあい「自由」を、「拘束や強制を逃れている状態」、つまり

「〜からの自由」と考える。たとえば、長時間の労働から解放されてほっとしたときに、ちょっとした自由を感じることがある。こうした自由を「消極的自由」と呼ぼう。ところが、フィヒテは消極的自由に満足するわけにはいかない。

たしかに、フランス革命が起こっていない段階で啓蒙主義が主張する「自由」であれば、「消極的自由」「〜からの自由」でよかったかもしれない。この段階での啓蒙主義の目標は、中世的な制度や権威を批判して、そこから人間を解放することにあったからである。しかし、いったんフランス革命が起こると「消極的自由」ではすまなくなる。フランス革命とは「自由」というただ一つの原理にしたがって新しい社会を建設しようとする政治運動だからである。フランス革命が主張する自由は、現実の世界を建設するような自由なのだから、「〜からの自由」ではなく、「〜への自由」、つまり、現実へ、存在するものへ、なんらかの拘束へみずから赴いて、それを秩序づけるような自由でなければならない。しかし、「拘束への自由」などというのは、自由の否定ではないだろうか。

とはいえ、われわれはそうした「拘束への自由」を日常的に経験している。たとえば「交通法規」を考えてみよう。これがあるために、どれほど快適な車で疾走していても、信号が赤のときはいちいち停止しなければならない。そんな制約など無視して自由に走りまわれたらどんなにいいだろう。しかしそうであっても、われわれはこの交通法規の存在をかならずしも自由の否定とは感じない。というのも、この拘束が外から無理やり押しつけられたものではなく、みずから同意したものだからである。そうだとすれば、われわれが赴く先がわれわれにとって強制的なもの、異質で外的なものではなく、むしろわれわれのうちに本来あり、それどころかわれわれをはじめてわれわれたらしめるもの、つまりわれわれ自身の内的な本質であれば、自由の否定にはならないはずである。むしろ、われわれの赴く先がわれわれの本質であれば、それは拘束であるどころか、みずからの自己実現になる。そうだとすれば、「〜への自由」「積極的自由」は、みずからの本質を外化し、対象化して、その外化され対象化された本質によってみずからを律するような自由であろう。カントはこの自分の本質による自己規定を「自律（アウトノミー）」と呼んで、倫理学の根本原理とした。

〈私〉という存在と自由

しかしフィヒテはそこからさらに一歩先に進む。彼は本質的にそうした「積極的自由」というありかたでのみ存在しうるような存在を見いだすのである。その存在とは〈私〉という存在にほかならない。一般にわれわれは存在するものといえば、事物のように目の前にあるものをイメージする。ここにある机も向こうに見える木も存在する。事物的なものは「私の目の前にありありと安定した姿で横たわっている」。その証拠に、それらはいつでも指し示すことができる。

ところが、存在するものはかならずしも事物のように存在するとはかぎらない。その典型は〈私〉という存在である。だれもが〈私〉だから、こんなにありふれた存在もないのに、けっして指し示すことができない。自分のことを〈私〉と言った人を指差すと、その人はそのとたんに〈君〉とか〈彼・彼女〉になってしまい、〈私〉ではなくなってしまう。それではその指を一八〇度回転させて、自分自身を指差せばどうだろうか。しかし、指差したどの部分がいったい〈私〉なのだろうか。いま自分を指差した瞬間に屋根が落ちてきて、その指差していた腕全体が失われてしまったとしよう。そうすれば〈私〉は〈私〉でなくなったり、〈私〉というありかたが損なわれたりするだろうか。そんなことはない。眼が見えなくなったらどうか。同じく〈私〉という性格は失われない。では屋根が不幸にも私の頭に落ちて私が意識を失ったらどうか。このばあい私は〈私〉ではなくなって、一つの物体になってしまう。というのも、〈私〉を〈私〉として意識し、〈私〉と呼べる唯一の人がいなくなるからである。

したがって、〈私〉という存在には、いままで外に向いていた意識が一八〇度回転して自分自身に向かうという働きが不可欠である。〈私〉という存在は、ただそこにあるという事実（Tatsache）ではなく、みずからを振りかえる行為（Handlung）と不可分であるような事実である。だから、フィヒテはこの〈私〉の奇妙な存在の仕方をTathandlung（事行）と呼ぶ。そうだとすれば、「私」は、自分が自分を対象化して、対象化された自分を自分として認知するときにはじめて存在する。いやむしろこうした運動の全体こそが〈私〉の真の存在なのである。

もしそうなら、「私」という概念が表現するものは、「自由」の概念と同じである。つまり、フィヒテにとっては、自由は意志の性質でもなければ、人間の行為の性格でもなく、人間の本質的な存在形態なのである。いわば人間は自由というありかたでしか存在できない。そしてフィヒテによれば、こうした「人間的自由」こそが哲学体系の出発点とならなければならないし、唯一それだけが出発点になりうる。どうしてだろうか。これを理解するためには、フィヒテの哲学体系がなぜ「知識学」と呼ばれるかを理解しなければならない。

「知識学」とはなにか

フィヒテによれば、「知識学（Wissenschaftslehre）」とは「学問一般の学問」（『知識学の概念』二八ページ）、つまりほかのすべての学問に基礎を提供するような学問であり、根本学である。「学問（Wissenschaft）」とは、ばらばらな知識の集まりではなく、「体系的形式をもっており、学問におけるすべての命題は、唯一の原則において連関し、一つの全体に合一されて」（二二ページ）いなければならない。学問においては「すくなくとも一個の命題が確実であって、これがほかの命題にその確実性を伝えるのでなければならない」（二四〜二五ページ）。だが、この確実な命題（原則）は、学問の体系的結合を可能にするものとしてそれに先だって成立していなければならないのだから、学問自身はみずからの原則の確実性を証明することができない。したがって、すべての学問が学問として成立するためには、それを基礎づけるような究極の学問が、つまり、一種の「第一哲学」が必要である。「知識学」はそうした学問たろうとする。

では、すべての学問が最終的にその確実性を前提せざるをえない基本的な事実とはなんだろうか。まず第一に、すべての学問は「なにか」についての学問であるのだから、その「なにか」があらかじめ存在していなければならない。つまり、すべての学問はみずからの対象の「存在」を暗黙のうちに事実として前提しており、なにかが「ある」ということがそもそもどういうことか、それがどうして可能かなどとは問いはしない。

さらに第二に、学問は対象についての知識なのだから、対象の存在とは区別され、それから独立したなんらかの認識主体の「存在」を前提している。しかしそうだとすれば、たがいに区別された対象

（客観）と認識主体（主観）がどのようにしてたがいに関係できるかが当然問題になるが、当の学問そのものはこの関係の可能性を暗黙のうちに前提している。したがって、ほかのすべての学問を基礎づけるような学問（第一哲学）は、主観と客観の区別と関係という事実を自明なものとして証明しているような学問でなければならないだろう。

知識学と論理学の関係

この点では、これまですべての学問を基礎づける根本学の有力な候補とされてきた「論理学」は失格である。たとえば、論理学の根本命題である「同一律」を考えてみよう。「〈A＝A〉は疑いもなく論理的に正しい命題だが」、それが意味しているのは、「もしAが定立されているならば、それならAは定立されている」ということである。そのさい論理学は次の二つの問題を問わずにしまっている。

〈Aはいったい定立されているか〉。次に〈もし定立されているならば、いかなる範囲においてなぜAは定立されているか〉、あるいは、〈前者のもしと後者のそれならとは、そもそもどのようにして連関するのか〉（『知識学の概念』五七ページ）。

したがって、論理学もまたほかの学問と同じようにさらに根本的な学問を必要とする。それでは、「知識学」はどうして真の意味で「学問一般の学問」でありうるのか。それは知識学が、論理学のようにAではなく、〈私〉をその出発点に据えるからである。すでに述べたように、〈私〉とは「事行

（Tathandlung）」である。〈私〉は、みずからを対象化し、対象化された自分を自分として認知するときにはじめて存在する。したがって、「知識学」は、事行としての〈私〉、自由の存在としての〈私〉から出発するときに、すでにあの主観と客観の区別と関係という根源的事態を確実なものとして証明しているのであって、その点で真の根本学たる資格をもちうるのである。フィヒテはこうした事態を『知識学の概念』では次のように説明している。

〔知識学の〕命題の主語は主観そのものであるところの絶対的な主観〔私〕であるがゆえに、……命題の形式とともに命題の内的内容が定立される。すなわち、〈自我は自我を定立したがゆえに、自我は定立されている〉。……論理学はこう言う。〈もしAがあるならば、Aはある〉。〔それにたいして〕知識学はこう言う。〈A（この特定のA＝自我）はあるがゆえに、Aはある〉。……それは無制約的かつ端的に定立されているのである（五七ページ）。

だが、このように「人間的自由」を出発点に据えることは「知識学」を「学問一般の学問」にすると同時に、それを「フランス革命」の哲学にもする。というのも、すでに述べたように、フランス革命は既存の権威をすべて括弧に入れて、「自由」というただ一つの原理にもとづいて世界をゼロから建設することを目指しているからである。こうしてラインホルトの「意識律」がたんなる「意識」を原理としたために哲学体系そのものを展開していく「主体」たりえなかったのとは違って、知識学は、自己と世界をみずからつくりあげていく人間自身の自己叙述となりうる。だからこそ、知識学の第一根本命題はこうなる。

自我はみずからを定立する（『全知識学の基礎』九〇ページ以下）。

知識学の第一根本命題の意味

知識学のこの第一原理がどのような意味をもつかをあきらかにする手がかりとして、それをまずカント哲学の第一原理と比較してみよう。「みずからを定立する」という自我の働きは、カント哲学においては、すべての認識の最高原理である超越論的統覚の総合統一の働き、つまり〈私は考える（Ich denke）〉に対応する。カントによれば、「いかなる表象にも、〈私は考える〉という働きが伴いうるのでなければならない」。しかし、「純粋理性の誤謬推理」が警告するように、この〈私が考える〉の〈私〉は、魂のような実体と考えられてはならない。むしろ、純粋自我の存在は、みずからの視線をみずからに振り向けるという働きと切り離すことができない。カントの自我もまた一つの「事行」であり、事行であるかぎりはけっして対象として固定されず、したがってそれ自身はけっして意識されえない。

しかしフィヒテによれば、カントは決定的な事実を忘れている。それは、けっして意識されないはずの純粋自我を、すくなくともカント自身は意識することができたという事実である。そうだとすればカントは、この意識されえないものの意識化がどのようにして可能なのかを当然問うべきだったのだが、この問いをなおざりにしたために、彼の哲学は「純粋な批判」になれずに、「形而上学」にとどまってしまった。したがって、「純粋な批判」であるべき知識学は、この問いを引き受けなければならない。そしてフィヒテによれば、この問いに答える道はただ一つしかない。純粋自我を対象として「見る」ということが、特定の哲学者の特権的な事実ではなく、当の純粋自我そのものが経験しうる事実であることを証明することである。あるいは、この「見る」働きが自我の本質そのもののうちに組み入れられなければならない。フィヒテはこう語っている。

従来の哲学の自我は鏡である。しかし、鏡は自分自身を見ない。したがって、従来の哲学者においては、直観すること、見ることが説明されず、映しだすという概念が立てられるにすぎない。このような欠陥は自我の正しい概念によってのみ除去することができる。知識学の自我は鏡ではなく、眼である（『新しい方法による知識学』五四ページ）。

それでは、どうして「知識学の自我は鏡ではなく、眼」になりうるのだろうか。それは、その自我がすでにフランス革命を経験したからである。これを理解するためには、第一根本命題が二つの異なる意味を含意していることに気づかなければならない。それはまず自我の存在する仕方を表現している。自我は「みずからを定立する」という自由の運動としてしか存在できない。そうだとすれば、人間なるものがこの世に登場して以来、人間はそのように存在してきたにちがいない。第一根本命題はいわばわれわれ人間の自然状態を記述するものである。そうした意味で、この命題は体系の出発点であるにふさわしい。

しかし、自我が「みずからを定立する働き」だとすれば、自我はみずからの真の本質を定立しなければならないが、自我の本質とはみずからを定立する自由な運動である。したがって、自我は必然的にみずからを、〈みずからを定立する自由の運動〉として定立しなければならない。言いかえれば、純粋自我みずからが自分を「見る眼」にならなければならない。そして、まさしくフランス革命こそは、自我がみずからのこの内的必然性をいまや完全に実現するにいたっていることを歴史的に証言している。というのも、フランス革命において、人類は「自由」こそがみずからの真の本質であることに気づいただけではなく、実践をつうじてみずからの本質であるこの「自由」を世界に実現し、客観的なかたちでそれを対象化しようとしはじめたからである。フランス革命とともに、人類は完成に達している。そうだとすれば、第一根本命題は、体系の出発点であると同時にその終結点を意味している。

われわれが〈自我はみずからを自分自身によって定立されたものとして定立する〉ということを理解できるようになるとき、われわれの体系は完結する（『新しい方法による知識学』六四ページ）。

哲学体系と歴史

フィヒテは『哲学における精神と文字の区別について』でこう述べている。

すべての合目的的哲学の主要な規則は、われわれにたいしてつねに全体が現前しているということである。……真の哲学はすべてを全体に関係づける。真の哲学にとっては、すべてがそれであるところのもの、つまり全体の部分である（八四～八五ページ）。

体系的哲学の生命は「全体の現前」であり、第一根本命題はそれを表現しているわけだが、この全体の現前をじっさいに実現しているのはフランス革命という歴史的事実である。したがって、フィヒテの知識学は「いま」「ここ」という歴史的「現在」においてはじめて書かれうるような哲学であり、どこまでも歴史に依存するような哲学である。とはいえ、歴史もまた知識学に依存している。というのも、知識学は歴史にはじめてその統一的な意味を教えてやるような哲学でもあるからである。周知のように、歴史に現われる人間の行為は、「時間系列にしたがって、体系的形式において、次々にわれわれの精神に現われてくるわけではないし、……すべての活動を包括し、最高の普遍的な法則を与えるような行為がまず最初に現われ、次に、より包括度の少ない行為が現われてくるわけでもない」（『知識学の概念』五九～六〇ページ）。

歴史それ自体は、人間の行為とその所産のカオスにすぎない。したがって、歴史からなにごとかを学ぶことができるためには、世界史全体を超えて、それを了解するための法則なり、人間の行為の普遍的規則なりを手にしていなければならない。これを提供するのが哲学体系の仕事である。知識学はいわば歴史にその意味を告白させる。知識学は、人類が完全にみずからの可能性を実現するまでの歴史を整合的にたどりなおし、歴史から教訓を引きだすのを助けるのである。フィヒテが『全知識学の基礎』においてみずから哲学を「人間精神の実用的歴史（eine pragmatische Geschichte des menschlichen Geistes）」と定義する理由も、ここではじめてあきらかになる。

2 人間精神の実用的歴史

フィヒテは『知識学の概念』ですでにこう語っていた。

われわれは人間精神の立法者ではなく、その歴史記述家である。とはいってもそれは、むろん雑誌記者のことではなく、人間精神の実用的歴史の記述家のことである（六五ページ）。

フィヒテは「実用的歴史」というこの用語を、エルンスト・プラットナー（Ernst Platner 一七四四～一八一八）の『哲学史への若干の手引きを含む哲学的箴言』（一七九三年）から借用したらしい。プラットナーは第二一節で次のように述べている。「もっとも広い意味での論理学とは、人間的認識能力の実用的歴史ないしは批判的歴史である」（アエタス・カンティアーナ第二〇三巻、一九七〇年、一九ページ）。彼がこの用語で意図していたのは、人間認識能力の心理学的探求と発生論的導出によって従来の論理学を拡張することだった。フィヒテはこの用語にかんして、「人間認識能力の実用的歴史とは、かなり適切な表現である」とコメントしている（『プラットナー「哲学的箴言」にかんする遺稿集一七九四～一八一二年』、『フィヒテ全集』第二部第四巻、バイエルン科学アカデミー版、四六ページ）。

この用語は当時かなり一般に流布していた。まず真っ先に思い浮かぶのが、カントの『実用的見地における人間学』だが、彼の弟子ザロモン・マイモン（Salomon ben Josua Maimon 一七五三～一八〇〇）も、『哲学概念の実用的歴史』（一七九七年）という表題の著作を出版している。またシェリングも当時、『カント哲学の実用的歴史』という著作を計画していたらしい。さらに、クリスティアン・アルベルト・ティィロという人物が『新哲学の実用的歴史』という著作を出版している。

啓蒙主義的歴史観

この用語はもともとは啓蒙主義的歴史観に由来するものである。啓蒙主義は、歴史がいまやその「完成段階」に達し、人間が従来のいっさいの迷妄を脱して、みずからの普遍的本性（理性）を自覚するにいたったと信じた。しかし、自覚された人間本性が不変だとすれば、どんなに混乱したかたちであれ、その所産である歴史のうちにもまたそれは現われているにちがいない。そうだとすれば、歴史を研究することは、人間がみずからの本質を理解すること、つまり、人類の自己教育として役立つはずである。歴史主義の大家フリードリヒ・マイネッケ（Friedrich Meinecke 一八六二～一九五四）は、啓蒙主義のこうした実用主義を定義して、次のように語っている。

実用主義とは、自然法的思考法と直接の関連をもち、人間本性の不変性を仮定することによって、歴史を教育上有益な実例集として利用し、人間的なものであれ、物質的なものであれ、歴史的変動をすべて先行する原因によって説明しようとするものである（『歴史主義の成立』〈上〉菊盛英夫・麻生建訳、筑摩叢書、第一〇四巻、八ページ）。

フィヒテがこのような歴史観を受け継いでいるのはまちがいない。彼は『フランス革命』において、こう語るからである。

私には世界におけるすべての出来事が、人類の偉大な教育者が提示する教訓に富んだ絵画であるように思われる。というのも、人類はそこにおいてこそみずからが知らなければならないことを学ぶからである（七五ページ）。

フィヒテにとって、哲学はもはや歴史を超越した無時間的な真理を単独で語りだすことはできない。むしろ哲学は、無時間的真理を語るためには、歴史とその「現在」に足場を置かなければならない。知識学は歴史の「現在」を引き受けることによって、歴史にその意味を投げもどしてやるような哲学であり、それによってはじめて歴史を超えて体系となるような哲学である。フィヒテこそは、ドイツ観念論においてはじめて「歴史」と「体系」の特有の相関関係を自覚し主題化した人である。シェリングと、とりわけヘーゲルの「歴史」概念を理解しようとすれば、まず彼の知識学を理解しなければならない。

知識学の第二根本命題

知識学の第二根本命題はこうである。

自我には非我が反定立される（『全知識学の基礎』一〇三ページ以下）。

私が存在するためには、私はみずからを対象化しなければならない。ところが、自分を対象化するためには、私はなんらかのかたちで〈私〉の外へ越えでていかなければならない。なぜそうなのかは語ることができない。ここには「いかなる根拠も存在しない。われわれはすべての根拠の限界に立っている」（『新しい方法による知識学』四七ページ）。しかし、この根拠を語れないことがじっさいに起こったということは、第一根本命題とフランス革命という歴史的事実が示している。したがって、この事実が説明されなければならない。

ところで、〈私〉が赴かなければならない〈私〉の外とは、〈私ではないもの〉、〈非我〉としか呼べない。とすると、私は自分を対象化しようとすると、なんらかのかたちで自分の外に出て、私とは異質なもの（非我）をみずからに対置してしまうことになる。そこで、ここでの事実を説明するためには自我の新しい能力が要請されなければならない。この能力が「反定立（Entgegensetzen）」という能力である。人間は、反定立の能力によってつねにいまの自分を自己否定して、みずからの「外」を開くというかたちでしか存在できないのである。そのさいこの「外」を「対象的な客観的世界」と理解しないようにしなければならない。この「外」がそうした明確なかたちで限定されるのは次の第三根本命題においてである。

ここでの自我のありかたは、ニーチェの「力への意志（Wille zur Macht）」に似ているかもしれない。この概念は人間は本質的に権力欲をもっているなどということを言いたいのではない。これもまた人間の存在の仕方を意味している。生きているものはいまの状態にとどまればただちに死ぬほかはない。生きているものは生命を保とうとすれば、新陳代謝をおこなって、自分以外のものに出向き、それを自分のうちに取りこむというかたちでいまの自分を乗り越え、つねにより強い自分へと超えていくほかはないのである。

知識学の第三根本命題

知識学の第三根本命題はこうである。

自我は、自我において、可分割的自我に可分割的非我を反定立する（『全知識学の基礎』一〇八ページ以下）。

表現はかなり堅苦しいが、語られていることはそれほど難解ではない。〈私〉が存在するためには、自分を対象化しなければならないが、対象化されるのは「私ではない」なにか異質なものである。ところが第一根本命題によれば、外に立てられたものはあくまで〈私〉でなければならない。この矛盾が解決されなければならない。そして、ふたたび第一根本命題と歴史的「現在」は、われわれ人類がこれを解決するだけの能力をもっていたことを証明している。この矛盾の解決策は一つしか考えられない。私はたしかに自分を外化し、対象化するのだが、すべての〈私〉を一挙に対象化するのではなく、部分的にしか対象化しない。そうすると必然的に、そうでない残りの部分には〈私でないもの〉が対象化されるというわけである。こうして、〈私〉によって対象化される世界は、〈私〉と〈私でないもの〉が対立する世界だということになる。

しかしフィヒテに言わせれば、対象としての世界が人間に対立し、抵抗するように見えるのは、人間が根源的に自由な存在であり、つねに現在の自己を否定して、みずからの外へと越えでようと努力するからである。たとえば、人間以外の動物は、自分が生まれ落ちた環境に縛りつけられており、したがって環境にたいする不適応を起こさない。アザラシは生まれた瞬間に泳ぎはじめる。彼らは環境を、みずからに抵抗し対立するものとは感じない。それにたいして、人間はいま生きている環境や現状にけっして甘んじることなく、いつでもそれを乗り越え変えようとするからこそ、ときとして環境に不適応であったり、環境をみずからの前に立ちはだかるものと感じたりする。

世界がすでに成立しているからそれにたいする人間の働きかけは無意味であるどころか、現状に甘んじることなくそれを変革しようとする人間の実践的な態度こそが、環境世界を環境世界としてはじめて成立させる。しかも、この実践的態度は人間の本質によって要求されつづける。というのも、人間は対象として世界につねに働きかけ、そこにみずからの本質を浸透させていくことによってはじめて、人間としての存在を実現させることができるからである。こうして、フィヒテは、フランス革命が目指す自由にもとづく世界変革の実践、「自由の体系」の実践を哲学的に基礎づけてみせるのである。

第三根本命題とカント

そうした意味では、第三根本命題はカントの出発点の誤りをあらためて浮かびあがらせる。自分とは異質な存在者のうちにひとりで投げこまれているというのが人間の根源的状況であり、したがって、存在者は本質的に「私に先だってすでにそこにある」というありかたをしているとカントは主張したのだが、カントは派生的事態でしかないものを根源的な事態と思いこんでしまったのである。その結果カントにおいては、〈私でないもの〉に対立している〈私〉（カント的に言えば、経験的自我）と、この対立を能動的に生みだす〈私〉（純粋自我ないし超越論的自我）とは、たがいに関係できないままに終わってしまう。それにたいして、フランス革命が歴史的事実として教えているのは、いまや経験的自我そのものがみずからの本質も世界の本質も純粋自我にほかならないことを知ったということである。というのもフランス革命においては、「いま」「ここで」生きている人間（経験的自我）が、それまでは哲学者（純粋自我）しか知らなかった事実、つまり、みずからの本質が自由であり、対象世界もまたみずからの自由の所産にすぎないという事実を自覚するにいたり、みずから純粋自我になるべく行動しはじめたからである。したがって知識学の仕事は、フランス革命までの数千年の人類の歴史がたどってきた過程、つまり、自然に働きかけ、自然をみずからの意図にしたがってつくり変えることによって、〈私〉こそが自然の本質であることを自覚していく過程を、経験的自我に論理整合的にたどりなおさせることである。すでに述べたように、知識学が「人間精神の実用的歴史」であるゆえんである。

しかし、フィヒテのカントにたいするこうした批判は、ある面ではフィヒテそのものに降りかかってくる。たしかにフィヒテは、対象世界が人間にとって異質に見えるのは、人間がつねに自己否定的であり自己超越的だからだと主張するのだが、しかし、フィヒテにとっての人間は、自分こそが世界の本質だということを自覚するために、つねに世界の抵抗を乗り越え、その自立性を否定していかなければならない。要するに、自然は否定されるべき障害でしかない。そうだとすれば、たしかに世界はカントのように、われわれに先だって「そこにある」のではなく、人間の自由な活動によって生みだされるにしても、人間の力を証明するためのたんなる「手段」に貶められるのだから、結局のところフィヒテにおいても、人間と世界の関係は敵対的なままである。それなら、カントの出発点とどれほど違うというのだろうか。こうした批判をおこなって「ドイツ観念論」の新しい主役として登場するのが、シェリングである。

第三章　シェリング——自然史と共感の哲学者

1　自然史と同種性の原理

カントがその主著にたいする反響を見いだすのに五年も待たなければならなかったのにたいして、フィヒテはきわめて幸運であった。『全知識学の基礎』のすべてが刊行されないうちに力強い支持者が現われたからである。しかも、この支持者はわずか二〇歳の青年だったにもかかわらず、『哲学の形式の可能性について』と『哲学の原理としての自我について』という一七九四年と九五年に発表した二つの論文によって、フィヒテ哲学を完全にわがものとしていた。フィヒテはこの論文があまりにもすばらしかったので、シェリングこそが自分の真の後継者であると認めた。では、フィヒテのなにが彼を惹きつけたのだろうか。フィヒテは「カントが人間の自己にその道徳的な自己規定のために与えた自律性（アウトノミー）を理論哲学にまで拡張した」からである。シェリングにとってフィヒテは「自由のことばを語った」最初の哲学者だった。ところが、この才能ある青年はわずか二年後にはフィヒテと袂《たもと》を分かち、「自然哲学」という独自の哲学を展開するようになる。以下がその主な代表作である。

一七九七年　『自然哲学にかんする考案』
一七九八年　『世界霊について』

一七九九年『自然哲学体系の第一草案』
一七九九年『自然哲学体系への草案序説』

シェリングの自然観

シェリングはなぜフィヒテのもとにとどまれなかったのだろうか。フィヒテの知識学においては、自然は人間がみずからの本質を実現するために克服すべき障害としかみなされていないからである。ところが、じっさいにはフィヒテの「自我」の概念のうちには、自然こそが自我を可能にする基礎であることが含意されている。なぜか。フィヒテによれば、知られ意識される〈私〉は、自分をみずからの外部に対象化し、そして対象化されたものによって自分を規定するような運動の成果なのだが、そうだとすれば、この運動そのものは私の意識以前の活動、つまり無意識的活動ということになる。もし人間の本質が自己意識にあるとすれば、この活動の主体は人間ではない。むしろ、人間はこの活動によってはじめて人間になる。人間に先だって存在し、人間を生みだすような無意識的な生産力とは、生命活動（Leben）であり、生きた自然（natura naturans）である。

じっさいよく考えてみると、自分を対象化し、その対象化されたものによってみずからをあらわにするという仕方で存在しているものは、なにも〈人間〉だけではない。たとえば、窓の外の樹木を見てみよう。たしかに、私はそれをたんなる物理的な対象として観察することができる。そのばあい樹木は事物として存在し、私の前にみずからを残りなくさらけ出すという仕方で存在する。しかし、私が樹木を「生きているもの」として見たとたんに、私は直接にはけっしてあらわにならないものをそこに見る。青々と葉を茂らせる樹木は生命の息吹を感じさせる。われわれはそこにまさに生命を見る。だが、生命はそこに直接にあるわけではない。生命はいつも樹木の背後にあって樹木を樹木たらしめている。だが、樹木の背後にあるからといっても、操り人形の背後に人形使いがいるというふうに考える人はいない。樹木をばらばらにしても、生命はどこにも見つからない。生命は事物のように樹木の背後にあるのではない。生命とは、つねにみずから外に踏みだすことによって他者を生かしめ、自分が生かしめた他者においてはじめて自分を示すような運動なのである。

それでは、この「生」の運動の最終成果が人間の自己意識であるということはなにを意味するのだろうか。シェリングはこう語っている。

自然は、みずからにとって完全に客観になるという最高の目標を、最高にして究極の反省によってはじめて達成するのだが、この最高にして究極の反省とは人間、あるいはもっと一般的にいえば、われわれが理性と呼ぶものにほかならない。自然は人間を介してはじめて完全にみずからに帰還し、それによって、われわれのうちにあって知性的で意識的なものとして知られているものと自然とが根源的に同一であることがあきらかになるのである（『超越論的観念論の体系』哲学叢書、第二五四巻、フェリックス・マイナー出版、一九五七年、九ページ）。

自然はいわばみずからの無意識的活動の暗い根底から人間の自己意識という「光源」を生みだすことによって、みずからを照らしだし完全に対象化すると同時に、みずからに完全に帰還する。つまり、自然もまた人間の自己意識と同じような「自由」の運動をしている。「自由」はなにも人間の独占物ではなく、自然もまた「自由」というありかたをしているのであって、ただ違うところといえば、人間の自由が自己意識というかたちをとるのにたいして、自然の自由の運動が無意識的だという点だけなのである。そうだとすれば、真の「自由の体系」はフィヒテのように「自我の哲学」に尽きるのではなく、自然が死んだ物質から有機体を生みだし、最後に人間を生みだすことによって完結するまでの過程を包括するものでなければならない。つまり、「自由の体系」は「自然史(Naturgeschichte)」とならなければならない。

だが「自然史」が、「自然がわれわれの意識と根源的に同一であることがあきらかになる」過程だとすれば、それは逆にいえば、人間の自己意識が人間の「主観」のうちにだけ閉じこめられた孤立した存在ではなく、自然的世界(「客観」)をみずからのエレメントとしていることがあきらかになる過程でもある。要するに、「自然史」は、人間の自己意識がみずからを外化し、自然のうちに客観化することによって、みずからを「反省」し自覚していく運動を、つまりは「自由」の運動を記述するものでもある。この過程はいわば「自己意識の前進的歴史」(『超越論的観念論の体系』三ページ)と呼ぶことができる。

そうだとすれば、自然とは無意識的なもの(客観)から意識的なもの(主観)を出現させる「自由」の運動であるのにたいして、精神は意識的なもの(主観)から無意識的なもの(客観)を出現させる「自由」の運動なのであるから、「自由こそがすべてを担う唯一の原理」(『超越論的観念論の体系』四七ページ)である。そうした意味では、精神と自然、主観と客観の完全な「同種性」が示されていることになる。

シェリングにおける「同種性の原理」

じっさい、カントともフィヒテとも違うシェリングの思考法の基本的特徴は、「同種性の原理」を思考の中心に据えるところにある。彼は「知性と事物の一致（adaequatio intellectus et rei）」という近代的な認識観ではなく、「同種性にもとづく共感」という古風な認識観をもっている。

カント批判哲学の出発点を思い出してみよう。われわれは知的直観をもっていない。したがってわれわれは存在の発生場面に立ちあうことができず、ものはすでに私の前にある。私はいつもすでに存在者に取り巻かれた状態で存在している。カントはこの人間の根源的状況から、存在者のがわがみずからわれわれに向かって現われてくれないかぎりわれわれは存在者を知ることができないと結論する。

しかし、このばあい前提されているものは、われわれのまわりにある存在者（自然）は、われわれがつくったものではない以上、われわれにとって得体の知れないものだという考えかたである。自然と人間との基本的な「異質性」が前提されているのだ。だがむしろ、われわれはこの世界に閉じこめられており、この世界以外に生きる場所をもたないからこそ、この同じ世界に居あわせるほかの存在者とほんとうに理解しあえるのではないか。われわれは同じ一つの世界に生きているからこそ、なにか同じ原理によって生かされており、われわれのうちにはある種の「同種性」が貫いているのではないか。認識の可能性は、同種性にもとづく共感にある。

「同じものは同じ物によって知られる」というこの同種性の原理は古い歴史をもっている。古代ギリシアのエンペドクレスは、なぜわれわれ人間が自然を認識できるのかという問いにたいして、われわれも自然も、地・水・火・風という四元素によりできており、人間の〈地〉の部分が自然の〈地〉の部分を知り、人間の〈水〉の部分が自然の〈水〉の部分を知るのだと答えた。

なぜならわれわれは土によって土を見、水によって水を、空気（アイテール）によって神的な空気を、火によってものを焼き滅ぼす火を、愛によって愛を、陰鬱な憎しみによって憎しみを見るのだから（『ソクラテス以前哲学者断片集』第二分冊、岩波書店、二九五ページ）。

ヒポクラテスの有名な公式に、「似たものは似たものに寄りあつまる（simile venit ad simile）」というのがある。同種性の原理はルネッサンスの新プラトン主義を通じて、エックハルトやヤコブ・ベーメなどの神秘主義思想に受け継がれていく。

シェリングはこの古い原理をどこから習得したのだろうか。一つは彼の家庭環境からであったように思われる。彼の父親は東方学者、ヘブライ語学者、つまり現代風にいえば、古典文献学者であった。ところが、このころの古典文献学は新しい動きを示していた。古典文献の神話論的解釈がそれである。とくにハイネ（Christian Gottlob Heyne 一七二九～一八一二）は、古代の文献がわれわれの言語とは異なる神話的言語で語っており、この神話的言語がそれ特有のカテゴリーと文法をもつことに注意を促し、さらにアイヒホルン（Johann Gottfried Eichhorn 一七五二～一八二七）は、それにもとづいて、旧約聖書の神話論的解釈をおこなった。このアイヒホルンはシェリングの父親の知人である。こうした知的環境が彼の自然観に大きな影響を与えたにちがいない。じっさい松山壽一『人間と自然』（萌書房）によれば、彼はテュービンゲン大学神学部に提出された学位論文『人間の悪の起源にかんする批判哲学的解釈の試み』（一七九二年）において、旧約聖書第三章をプロメテウスなどの神話との関連で分析したのにつづいて、『神話、歴史的伝説、太古の世界の哲学理論について』（一七九三年）では、あらゆる民族の最古の文書である神話がもつ認識価値を検討して、次のように述べている。

かつて人間は自然の友であり息子であったが、いまやその立法者である。かつて人間は全自然のうちに自己を感じとろうとしたが、いまや全自然を自己自身のうちで説明しようとする。かつて人間は自然という鏡のうちに自分の像を求めたが、いまや自然の原像を全体の鏡であるみずからの知性のうちに求める（『人間と自然』一七ページ）。

「親和力」という概念

シェリングの時代には、同種性の原理を復活させるもう一つの動きがあった。その端的な現われがゲーテの『親和力』（一八〇九年）という小説である。表題の「親和力（Wahlverwandtschaft）」ということばは本来、錬金術のことばである。この用語の中世における最初の用法は、アルベルトゥス・マグヌスである。「硫黄が金属と結合するのは、硫黄が金属にたいしてもつ自然な親和力のためである」。

そしてこれが一七世紀の有名なドイツの錬金術師バルヒューゼン（Johann Conrad Barchusen 一六六六〜一七二三）に引き継がれる。彼は相互的な親和力（reciprocam affinitatem）という言いかたをしている。さらに一八世紀のオランダの錬金術師ブールハーフェ（Hermann Boerhaave 一六六八〜一七三八）は、その著書『化学の基礎』（一七二四年）のなかでこう語る。「溶解力のある粒子と溶解される粒子とは、その自身の本性のもつ親和力によって同種的なものへと凝集する」。ちなみに、シェリングは『世界霊について』で彼を引用している（一二三ページ）。さらに、スウェーデンの錬金術師ベリマン（Torbern Olof Bergman 一七三五〜一七八四）は『選択的引力（De attractionibus electivis）』（一七七五年）を発表するが、このドイツ語版が一七八二年から一七九〇年にかけてフランクフルトで出版され、そのさい表題が Wahlverwandtschaft と翻訳された。ゲーテの表題はここから取られたらしい。

シェリングはこの「同種性の原理」にたいする共感を生涯もちつづけた。以前の立場を大きく変えたかに見える『人間的自由の本質』（一八〇九年）においてもこう語られている。少し長いが引用しよう。

セクストゥスがエムペドクレスについて言っていることが適用されうるであろう。すなわち、「文法家や無学者は、このような認識を、大言壮語やほかの人間たちにたいする蔑視から生まれたものだと思うだろうが、大言壮語や他の人間たちにたいする蔑視は、ほんのちょっとでも哲学上のわずかな習練をつんでみた人であればだれにでも、縁もゆかりもないはずの特質なのである。ところが、自然学上の理論から出発して、等しいものは等しいものによって認識されるということがまったく古くからの教えであることを知る者は〔この教えは、ピュタゴラスに由来すると称されているが、プラトンのうちにも見いだされ、しかもそれよりはるか以前にエムペドクレスによって言い述べられたものであるが〕、次のことを理解するであろう、すなわち、哲学者というものは、このような〔神的な〕認識を説くものであって、それというのも、哲学者のみが、悟性を純粋にまた邪念に濁らされずに保持しつつ、おのれのうちなる神をもって、おのれのそとなる神を把握するからだである」と〔セクストゥス・エムピリクス『文法学者タチヲ駁シテ』第一巻第一三節、二八三ページ、ファブリック版〕。しかるにこれに反して、学問を嫌う人びとにあっては、学問といえば、通常の幾何学の認識がそうであるように、まったく抽象的で、生き生きとしていない認識のことだと受けとってしまうことが、いつもしきたりになっているのである（『人間的自由の本質』渡辺二郎訳、『世界の名著』続九、中央公論社、四〇〇ページ以下）。

精神の病としての哲学

だが問題は、こうした「同種性」をどのようにして記述し、証明するかである。「同種性」の哲学はどのようにして可能なのだろうか。シェリングが与える解答は、「必要悪としての哲学」というものである。そもそも「哲学」とはなにか。シェリングによれば、「哲学が一般になんであるかはそれほど直接的には答えられない」。というのも、「哲学はわれわれの精神の関与なしに、本来精神にその本性からして住みついているものではなく、あくまで自由の所産」（『自然哲学にかんする考案』一五ページ）だからである。こうした哲学観はフィヒテのそれを思い出させるが、二人にとってそれがもつ意味はまったく対照的である。フィヒテは、だからこそ哲学は決断によって自覚的に引き受けられるべき実践だという結論を引きだすのにたいして、シェリングは、むしろ哲学は人間の「自然状態」からの逸脱であり、「迷える理性の一学科にすぎない」と主張する。哲学は反省の所産でしかなく、「たんなる反省は、人間の精神の病」でしかない。

たんなる反省は人間の精神の病である。しかも、それはあらゆる病のなかでももっとも危険な病であって、人間の営みの芽を摘み、その生存の根を絶やしてしまう（『自然哲学にかんする考案』松山壽一訳、『シェリング著作集』第一巻、燈影舎、二〇〇九年、一八ページ）。

では、人間の「自然状態」とはどのようなものか。それは「人間が自分自身やみずからを取り巻く世界と一体である」（一六ページ）ような状態である。われわれは不断に世界と交渉し相互作用しあっており、いわばそれと馴《な》れあっている。では、この状態からの逸脱はである哲学は、いつ始まるのか。シェリングはこう答える。

われわれの外なる世界つまり自然と、それについての経験はどのようにして可能かという問いにこそ哲学は負っている。むしろ哲学はこの問いとともに生まれたのである（一六ページ）。

シェリングの「哲学」なるものがカントの哲学をモデルとしているのはあきらかである。経験の可能性の基礎づけを哲学の中心課題にしたのは、『純粋理性批判』であった。では、経験の可能性を問うことがどうして自然状態からの逸脱となるのだろうか。

シェリングによれば、私が対象を表象しているとき、対象と表象は一体である。だが、哲学者が経験の可能性、つまりこの外的対象の表象がどのようにしてわれわれのうちに生じるのかを問うやいなや、彼は対象と表象のこうした一体性を放棄してしまう。この問いによって彼は対象をみずからの外に移し変え、それをみずからの表象から独立したものとして前提することになる。それでもなお経験が可能であるためには、両者のあいだになんらかの連関がなければならない。しかし、「異質な事物の実在的連関としてわれわれが知っているものといえば、原因と結果の関係以外にはない」（二〇ページ）。

ところが、対象は「表象から独立したもの」とされているのだから、表象が実在的であるのは、それが対象に一致するかぎりでしかない。こうして、対象が原因、表象が結果とみなされざるをえない。だが、対象が原因だとすれば、対象が表象に先行することになる。そしてそうなれば、経験の可能性が説明されるどころか、対象と表象のあいだの分離は恒久化されてしまう。

このシェリングの記述がカントの『純粋理性批判』のあの出発点にたいする批判であることは容易に見当がつく。もういちどカント批判哲学の出発点を思い出してみよう。カントによれば、人間理性の批判は無前提でなければならないのだから、それ以上さかのぼりえない根源的状況、つまり、人間はすでにしてこの世界に投げこまれているという「自然状態」から出発しなければならない。そして彼はこう推論する。この世界は人間みずからつくりだした世界ではない以上、人間はこの世界の異邦人にすぎない。したがって、こうした状況においてそれでも人間に認識が可能だとすれば、事物のほうから人間に向かって「触発」という働きかけが必要になる。つまり、彼は事物と表象のあいだに因果関係を想定してしまうわけである。だが、そうなれば、事物は主観に現われるかぎりでしか認識されず、「物自体」が帰結してしまう。シェリングによれば、カントが経験の可能性、つまり主観と客観の統一の可能性を追求しながらも、結局は「物自体」と「超越論的主観性」というかたちで主観と客観の対立を固定化してしまわざるをえないのは、彼が哲学的反省の所産でしかないものを、哲学的反省が始まるべき出発点にしているからなのである。

たしかに、哲学が人間の自覚的営みである以上、こっそりと「神の視座」をもちこむわけにはいかず、世界にくぎづけにされた人間の自然状態から出発しなければならないという主張は正しい。しかしだからといって、世界は得体の知れないものであり、われわれが世界の異邦人にすぎないということにはならない。むしろ、われわれはこの世界以外に生きる場所をもたず、この世界と馴《な》れあっているからこそ、この世界に居あわせているほかのすべてのものを本当の意味で理解できるのではないのか。われわれは同じ一つの世界に生きているからこそ、同じ一つの原理によって生かされており、人間と世界のあいだにはある種の「同種性」が貫いているのではないか。そして、人間の認識の根拠もそうした「同種性」のうちにこそ潜んでいるのではないだろうか。

自然哲学と超越論的哲学

それでは、自然と精神、客観と主観とのこうした「同種性」を説明すべき「哲学」がどのようなものでなければならないか。すでに述べたように哲学は本質的に反省的行為である。反省とは反省する意識と反省される対象を明確に区別することにもとづいて可能になる行為である。そこで「この〔精神と自然、主観と客観の〕同一性を説明しようとすれば、私はすでにこの同一性を廃棄してしまわざるをえない」（『超越論的観念論の体系』七ページ）。したがって、哲学が反省にもとづいて両者の同一性を証明しようとすれば、道は二つしかない。つまり、「客観的なものを出発点として、それと一致するような主観的なものがどのようにしてそれに付け加わってくるかを問題にするか」（七ページ）、逆に「主観的なものを出発点にして、それと一致するような客観的なものがどのようにしてそれに付け加わってくるかを課題とするか」（九ページ）である。前者の道をとるのが「自然哲学」、後者が「超越論的哲学」である。

同種性の原理にもとづく自然哲学

自然哲学とはもとより自然についての反省的認識である。だが、人間がそもそも自然を認識できるためには、両者のあいだに「同種性にもとづく共感」が成り立っていなければならない。したがって、シェリングにとっては自然は「生（Leben）」「生ける自然（natura naturans）」でなければならない。「生」は、自然のある特定領域を指すのではなく、自然そのものの根本的なありかたを表現する概念なのである。

「生」そのものはすべての生きている個体に共通であり、さまざまな個体を相互に区別するのはその生命の種のみによる。したがって、生の積極的原理は特定の個体に特有ではありえず、被造物全体に広がっており、あらゆる個体を自然の共通の息吹として貫いている（『世界霊について』松山壽一訳、『シェリング著作集』第一b巻、燈影舎、二〇〇九年、一三一ページ）。

これを前提として「自然の理解」が可能になる。

私自身が自然と同一であるかぎり、私がみずからの生を理解するのと同じくらい、生ける自然がなんであるかを、私は知っていることになる。……それにたいして、私が私を自然から切り離すやいなや、私に残るのは一つの死せる客体でしかなく、私の外部で生が可能か、私にはわからなくなる。だから私は、常識の言うことに耳を傾けよう。つまり、「自由な運動」があるところにのみ「生」が見いだされると、常識は考えているのである（『自然哲学にかんする考案』五八〜五九ページ）。

したがって、自然哲学の課題は、いっさいの反省的な態度を控えて、自然の無意識的活動が自由に運動するがままにまかせて、自然自身が人間の意識的活動に類するものを生みだし、無意識的活動と意識的活動の一体性をみずから示すようにしてやることである。そしてじっさい、生ける自然の活動はまず「磁気」、「電気」、「化学過程」という三つの段階をへて死せる物質を生みだすが、つぎにはこの三つの同じ段階を「感受性」、「興奮性」、「形成衝動」というより高次のポテンツにおいて反復することによって「有機体」を生みだす。そして「有機体」の形成によってすでに自然は「自己自身に帰還し自分の内部で完結する」。というのも、自然はここにおいてすでにみずからのうちから「精神」を生みだしているからである。

有機体のためには、物質そのものから説明できない高次の原理が必要になる。この原理が個々のあらゆる運動を秩序づけ、統合し、こうしてたがいに調和しあい、たがいに産出し再産出しあう運動の多様性から全体を創出する。それゆえ、われわれはここでふたたび、同じ存在者のなかで自然と自由のかの絶対的合一に遭遇する。……生ける有機体は自然の所産なのだが、この自然物の内部では秩序づけ統合する精神が支配している。また、これら〔自然と自由の〕両原理は、自然物の内部ではけっして分離しておらず、きわめて合一している（『自然哲学にかんする考案』五九〜六〇ページ）。

有機体においては、手段と目的の結合が生じ、部分は全体なしには可能ではなく、全体は部分なしには可能ではないのだから、もはや因果連関はまったく機能しない。この存在形態においては概念と行為、構想と実行が一体となっている。こうして、自然哲学は無意識的活動から出発して、自我ないし自己意識という意識的活動の予感をもって終わり、「自然」と「精神」の同種性を証明してみせる。

2　自己意識の前進的歴史

超越論的哲学の課題

すでに述べたように、「超越論的哲学」の課題は「自然哲学」とは逆に、主観と客観の同種性を主観のがわから証明することである。この課題が展開されるのが『超越論的観念論の体系』（一八〇〇年）である。したがって、超越論的哲学はまず、外界のすべての事物の実在性を否定し、「絶対的懐疑論」（一一ページ）にならなければならない。では絶対的懐疑論となった超越論的哲学に残された確実な出発点とはなにか。外界のいっさいの実在が否定されている以上、残っているのは純粋な主観性、私＝私という純粋な能動性だけである。超越論的哲学の「第一根本命題」は、フィヒテの知識学と同じである。しかし、それがもつ意味はまったく対照的である。この出発点は、フィヒテにとってはどんな反省にも先だつ根源的事実であったのにたいして、シェリングにとってはあくまで「常識的な理性使用にとって」もっとも確実なものにすぎないし、「なにか別のものが確実でなければならないときに、さしあたり想定されなければならない絶対的な先入見でしかない」（一二ページ）。

私＝私が絶対的先入見という資格で体系の出発点に据えられるということは、シェリングの哲学にフィヒテには見られないまったく新しい性格を与える。まず私＝私は先入見でしかないのだから、この反省の所産は反省そのものによってふたたび廃棄されるためにのみ前提されているにすぎない。しかし、「反省を反省自身によって解消する」というこうした試みはどのようにすれば可能になるのだろうか。この疑問を解くヒントは、出発点となるべき「自我」なるものの特異な性格のうちに潜んでいる。

哲学体系の出発点としての自己意識

フィヒテが最初に気づいたように、〈私〉の存在はじつに奇妙な事態である。一般に事物の存在は直観によって知られるが、そのばあい、直観されるもののほうが直観に先だって存在しており、したがって両者は別の事態である。たとえば、目の前にある机を直観するばあいを考えてみればよい。だが〈私〉のばあいはそうはいかない。私が存在するということは、私がみずからを意識する以外のなにものでもないからである。事物はそれが存在するから直観されるのだが、私はむしろ直観されることによってはじめて私として産出される。「自我においては産出と直観が同時である」（七〇ページ）。つまり、私の直観はカントがその存在を認めようとしなかったあの「知的直観」なのである。そうだとすれば、自己意識としての自我はつねに「主観＝客観」であって、けっして独立した「客観」にはなりえないはずである。

だが他方でけっして忘れてはならない事実がある。それは、フィヒテの知識学もシェリングの超越論哲学も、客観にはけっしてなりえないはずのこの主観＝客観つまり自己意識をいまや哲学的反省の対象（客観）にしているという事実である。この奇妙な事実は次のことを含意している。

すなわち、シェリングという哲学的意識は人間の自己意識の歴史の完成する地点、その「終わり」

に居あわせているということである。哲学者の意識もまた人間の意識のありかたの一つでしかないのだから、自己意識の客観化という出来事もまた人間の意識の歴史において起こった一つの出来事にほかならない。ところで、自己意識とはおのれの本質を対象化する運動なのだから、自己意識自身の対象化が実現されているとすれば、その「自由」の運動は完結している。つまり、シェリングの超越論的哲学の「始まり」は同時に人間の精神の歴史の「終わり」でもあるわけである。超越論的哲学は、人間の歴史が完結した地点からその全歴史を振りかえるのである。

ところが、自己意識の客観化という事実を知ることができるのは、哲学の反省的意識だけである。自己意識自身はまだこの事実を知らず、まだ自分が自己意識であることを知らない。

知性の全歴史が始まる最初の作用は、自己意識の作用ではあるが、それは自由であるかぎりでのそれではなく、無意識的であるかぎりでのそれである（一一八ページ）。

したがって、人間精神の歴史を振りかえるのは哲学の反省的意識だけであり、それにたいして超越論的哲学が叙述する自己意識は、みずからがどこに到達するかも知らずに、ひたすらみずからの道を進んでいくだけである。シェリング的な言いかたをすればこうなる。

自己意識は知識の体系全体における光源だが、この光源は前方を照らすだけで、後方を照らすことがない（二五ページ）。

ヘーゲル『精神現象学』の先駆としての『超越論的観念論の体系』

そうだとすれば、哲学が引き受けるべき仕事は自己意識を「後方から照らす」ことである。つまり、哲学的意識がすでに歴史の「完結点」に立つことで客観化できている事態を、みずからの対象である自己意識そのものに「経験」させることである。哲学的意識は、みずからがある段階の自己意識について考察するときに、当の考察の対象である自己意識自身がそのことにみずから気づき、それをみずから経験できることを同時に示さなければならない。要するに、「哲学者にとっての立場」がそのつど「対象となっている意識の立場」にまで引きもどされなければならないのである。

ではこの過程はいつ終わるのだろうか。自己意識の対象化という事態が、哲学的意識のたんなる反省の所産ではなく、考察の対象である自己意識そのもののうちで起こるときであり、つまりは、自己意識が自分を自己意識として知るときである。

> 超越論的哲学は、自我が、それが哲学者にとって客観になっているような仕方でおのれにとって客観になるときに完結する（一二〇ページ）。

こうしてみれば、シェリングの超越論的哲学が、ヘーゲルの『精神現象学』の先駆であることがわかる。もっとも、超越論的哲学の到達点はヘーゲルのそれとは異なるのだが。

「感性」と「物質」の演繹

それでは次にシェリングのこうした体系構成法が、『超越論的観念論の体系』において具体的にどのように展開されるかを、最初の「感性」と「物質」の概念が演繹される過程に即して説明してみよう。

すでに述べたように、体系の出発点に据えられているのは、みずからが自己意識であることを知らない匿名の自己意識であり、いわば無意識的な能動性である。この能動性は分析的に見れば、自己を対象として産出しようとする能動性（シェリングはこれを「レアールな能動性」と呼ぶ）と、その対象を自己として直観しようとする能動性（「イデアールな能動性」）との絶対的な均衡状態である。したがって、こうした能動性しかなければ、われわれは出発点から一歩も踏みだせないだろう。この絶対的な均衡状態のうちには、みずからの外に出て、みずからを所産ないし客観として固定しうるような差異化の原理がいっさい含まれていないからである。

もしそうなら、自然は暗い沈黙した自然のままであり、自我はみずからを意識することのない匿名の自我のままであったにちがいない。だがいまやシェリングの超越論的哲学において自己意識の客観化が可能になっている以上は、これを可能にする能力が当の自己意識そのもののうちに潜んでいるのでなければならない。ところで、みずからを客観として直観するということは、みずからを限定されたものとして直観するということと同じである。「直観することと限定することとは一つ」である。そうだとすれば、自己意識そのもののうちに「レアールな能動性」と並んで、この能動性を限定し、みずからを限定されたものとして定立するような新たな能動性が存在しているのでなければならない。

しかし、これはあくまで哲学的意識だけが知っていることであって、自己意識はまだみずからこのことを経験することができない。そのために、自己意識はみずからの無限な能動性を限定する能動性を自分のものと認めることができず、外からやってくるものと考えてしまう。つまり、当の自己意識は自分がなんらかの外部から「触発」され限定されていると感じるのである。じつのところわれわれはここではじめて「感覚されるもの」に出会っている。自然はここではじめて沈黙を破り、われわれに語りかけはじめる。

「感覚」の成立

いま自己意識はみずからが限定されていると感じるといったが、自分を限定されたものと知りうるのは、その限界を超えることができるものだけである。したがって、自己を限定する能動性が自己意識にとって意識できるものであるためには、そのうちに同時に限界を超える能動性も成立していなければならない。

そうだとすれば、この段階での自己意識は、みずからを限定することによってその限定を超え、限定を超えることによっておのれを限定されたものとして定立するという運動をしていることになる。いまやわれわれは「感覚作用（Empfindung）」の成立に立ち会っている。感覚は自我の境界を越えて異質な世界に赴くことができるからこそ、それによって触発され限定されもするのである。

「感覚」と「物質」

しかし、自己意識自身はふたたび自分が感覚作用であることをこの段階では知ることができない。これを知るためには、限定する能動性と限定を超える能動性がどちらも自己意識のうちにあって同じ事態の両面であることを自己意識自身が知る必要があるが、いまのところそれを知っているのは、哲学的意識だけである。自己意識自身がそれを知るためには、この矛盾しあう二つの能動性を媒介するような新たな能動性がふたたび自己意識のうちに想定されなければならない。そのときすでに自己意識は「感覚」の段階から「産出的直観」の段階にステップアップしている。

だが、自己意識は「感覚」の段階ではまだこの三つの能動性を自分のうちで生じているものと考えることができずに、自分の外で起こっていることと考えてしまう。シェリングによれば、この「自分をまだ感覚作用として自覚することのない感覚作用」こそは、「物質」にほかならない。じっさい、物質にはまずみずからを無限に拡張しようとする力、つまり「伸張力」が属している。これはあきらかにあの「感覚における」限界を超える能動性に対応するものである。しかし、伸張力だけしかなければ、物質は無限の空間に雲散霧消してしまう。物質は「引力」ももっていなければならない。これは限定する能力に対応する。そして最後に物質は、この二つの力を媒介する力として「重力」をもつ。つまり感覚におけるあの第三の能動性である。こうしてシェリングは、感覚と物質の概念を演繹すると同時に、この両者のまったくの「同種性」を証明してみせるのである。

『超越論的観念論の体系』は、これ以後ほとんど同じ手続きを反復しながらそのつどより高次の知的能力とそれに対応する対象的なありかたを導きだしていく。自己意識は「感覚」から「生産的直観」

の段階に高まっていたが、さらに「生産的直観」から「知性」の段階に高まり、それに対応して対象のがわも「物質」から「有機体」へと高まっていく。そして、この発展は、天才の「美的直観」と「芸術作品」においてその最高段階に達する。というのも、天才がつくりだす芸術作品は、意識的活動と無意識的活動の調和的統一だからである。天才の天才たるゆえんは、彼が生みだす作品が彼個人の意図した以上のものを表現するところにある。そこには彼個人の意識的活動を超えて、すべてのものをみずからのうちから産出する生きた自然の無意識的活動が現われでるのである。

〔芸術の〕所産は、意識的に産出されたものであるという点では自由の所産と共通点をもち、無意識的に産出されたものであるという点では自然の共通点をもっている（二八二ページ）。

美的直観は客観的になった知的直観である（二九五ページ）。

こうして、自然が無意識的に始まって、意識的に終わったのにたいして、自我は意識的に始まって、無意識的に終わることになる。

『超越論的観念論の体系』の特徴

さてここでシェリングの『超越論的観念論の体系』の特徴を簡単にまとめてみよう。まず最初に気づかされるのは、シェリング自身が主張しているような「自然哲学」と「超越論的哲学」の対称性がここでは崩れているということである。シェリングは、自然哲学は客観から出発して有機体という主観＝客観で終わり、超越論的哲学は主観から出発して芸術作品という主観＝客観で終わるのだから、両者は相互補完的な関係にあると主張していたが、じっさいには超越論的哲学は、そこで物質や有機体の演繹がおこなわれることからもわかるように、自然哲学の一部を含んでいる。その理由は超越論的哲学の考察対象である自己意識の性格にある。自己意識とは本質的にみずからを外化するものであるから、そこには「対象性」ということが本質的な契機として含まれているのである。

さらに『超越論的観念論の体系』のもう一つの特徴は、哲学的意識のがわも、その考察対象である自己意識のがわも、自己否定をおこなうということである。まず哲学はみずからの反省の立場を反省によって自己否定し、みずからをその対象に解消することによってのみ、つまりは「常識の立場」に帰還することによってのみ、存在意義を証明することができる。ところが、哲学のこの自己否定によって、眠れる自然が感受性を獲得しはじめる。哲学はいわばみずからそこから育ってきた「知性の生成」に立ち会うことになるのである。

だが他方、自己意識もまたみずからを自覚していく過程のはてに、みずからの自立性を否定することになる。というのも、そこでは自己意識は自然こそが自分が育ってきた故郷であることを自覚し、そこへと立ちもどっていくことになるからである。だからシェリングはこう言うことができるのである。

哲学はわれわれの精神の自然学である。……われわれはわれわれの表象の体系をその存在においてではなく、その生成において考察する。……いまより経験と思弁のあいだには、もはやいかなる断絶も存在しない。自然の体系は同時にわれわれの精神の体系なのである（『自然哲学にかんする考案』四九ページ）。

3　同一哲学とヘーゲルの批判

同一哲学

さてこれまでシェリングは「反省の所産の反省による自己止揚」という方法を駆使して、自然哲学においては客観から出発して主観＝客観にいたりつき、超越論的哲学においては主観から出発して主観＝客観にいたりついたのだから、いまようやく体系の真の出発点にたどりついている。その出発点とは「主観と客観、精神と自然の絶対的な無差別」、「絶対的同一性」であり、それを原理とする真の哲学体系が「同一哲学」である。シェリングはこの同一哲学をおもに『私の哲学体系の叙述』（一八〇一年）と『哲学体系の詳述』（一八〇二年）で展開するのだが、まず前者の冒頭でこう語っている。

私は数年来、自分が真なるものと認識している同一哲学を叙述しようと試みてきたが、これを自然哲学と超越論的哲学という二つのまったく異なる側面からおこなってきた。……そのような私の異なる叙述の基礎にあった体系そのものを、私自身が望んでいたよりも早く公開しなければならない（『私の哲学体系の叙述』北澤恒人訳、『シェリング著作集』第三巻、燈影舎、二〇〇六年、一〇ページ）。

ところで、シェリングの同一哲学は「主観と客観の絶対的な同一性」を原理とするのだから、その体系はスピノザの体系に似たものになる。

叙述の仕方にかんしていえば、私がこの点で模範としたのはスピノザである（一七ページ）。

じっさい、『私の哲学体系の叙述』はスピノザの『エチカ』と同様に、「定義」、「注解」、「系」といったユークリッド幾何学のような構成になっている。その冒頭の部分をあげてみれば次のようである。

第一節　定義：私が理性と呼ぶのは、絶対的理性である。言いかえれば、主観的なものと客観的なものの総体的な無差別として考えられるかぎりでの理性である。
第二節　理性のほかにはなにも存在しない。そして理性のうちにいっさいが存在する。
第三節　理性は端的に一つであり、端的に自分自身に等しい（一九〜二一ページ）。

これらの文章の「理性」を「神」と置きかえれば、そのまま『エチカ』冒頭の文章になる。しかし、そうなるとただちに浮かぶ疑問は、いかにしてこの「絶対的な同一性」という根本原理から多様なものが展開されうるのかということである。シェリングが与える答えは、残念ながら期待はずれでしかない。要約すればこうである。絶対的同一性が自分自身を認識するためには、哲学的反省のばあいと同じようにある意味では主観と客観を区別しなければならないが、絶対的同一性以外のなにものも存在しない以上は、区別されるべき主観と客観もまた同じくそれぞれが主観＝客観の絶対的同一性として想定されなければならない。そうだとすれば、主観と客観のあいだには「量的差別以外の差別は不可能である」。シェリングはこう語る。

差別は、なるほど一にして同じ同一なもの〔つまり主観＝客観〕が定立されるが、しかし、同一なものが主観性の優勢をともなってか、あるいは客観性の優勢をともなって定立されるように生じるのである（三二ページ）。

しかし、こうした「量的差別」という解決策は、シェリングがこれまで目指してきたダイナミックな「生成」の哲学、いわゆる「自由の体系」からすれば、あまりにも迫力に欠ける解決策でしかない。それにかりにこの解決策を認めたとしても、この量的差別という差異化の論理は、「絶対的同一性」とか「総体的無差別」という第一原理からの内在的な展開によってはけっして出てこない。シェリング自身こう語っている。

> 絶対者が自分自身から外へ出て行くことはまったく考えられない（『哲学体系の詳述』石川求・伊坂青司訳、『シェリング著作集』第三巻、燈影舎、二〇〇六年、一六六ページ）。

したがって、この差異化の原理を導きだしているのは、あくまでシェリングという哲学者の哲学的反省でしかない。だがもしそうなら、シェリングはこれまでの努力をみずからだいなしにしている。なぜなら、すでにくり返し述べたように、これまでの努力は「反省の所産の反省による自己止揚」にあったからである。ヘーゲルが『精神現象学』の「まえがき（Vorrede）」でかつての盟友シェリングにたいしておこなった有名な批判は、同一哲学のそうした側面に向けられたものにほかならない。

ヘーゲルは次のように批判している。

> A＝Aというかたちでの絶対者においては……すべてが一つになってしまう。絶対者においてはすべてが等しいというこのただ一つの知識を、区別と充実を備えた認識、ないしは充実を求め要求する認識に対置したり、みずからの絶対者を夜のようなものだと言いふらしたりするのは、おのれの認識の空虚さを無邪気にさらけだすものでしかない。よく言われるように、夜にはすべての牛が黒くなって〔見分けがつかなくなって〕しまう（『ヘーゲル著作集（Hegel Werke）』第三巻、ズールカンプ版（Theorie Werkausgabe）、一九七〇年、二二ページ、『精神現象学』長谷川宏訳、作品

社、一〇ページ、ただし、かならずしもその訳文に従っていない)。

この批判がシェリングの同一哲学に向けられていることがどうしてわかるかといえば、あきらかに次の箇所を皮肉っているからである。

たいていの人は絶対者の本質のうちに空虚な夜しか見ないし、そこになにも認識できない。……それでも私はなおここで、認識にとって絶対者のあの夜がいかにして昼に変わるのかということをより明確に示そうと思う(『哲学体系の詳述』一八二ページ)。

要するにヘーゲルが言いたいのは、シェリングの同一哲学は「絶対的同一性」という第一原理から具体的な世界の多様な存在を展開して見せなければならないはずなのに、そこには差異化の原理がまったく含まれていないので、絶対的な「夜」がどのようにして明け初《そ》め、「昼」になるかをついに示せなかったということである。結局、すべての牛は黒いままに終わってしまうわけである。

ヘーゲルのこうした批判はたしかに正しい。しかし、ヘーゲルが『精神現象学』においてその批判を展開したころには、シェリング自身みずからの限界を悟って、すでに新しい思索の道を歩みはじめていた。しかも、その道はある意味ではドイツ観念論の思想的な枠組みを超えるものであった。そこで最後に、同一哲学以後のシェリングの思索を跡づけておこう。

4　ドイツ観念論以後のシェリング――「悪の形而上学」と「世界時間論」

一八世紀末から一九世紀初頭にかけて旺盛な著作活動を展開し、ドイツ思想界をリードしていた早熟の天才シェリングは、ヘーゲルの『精神現象学』によって批判されて以降は、一八〇九年の『人間的自由の本質』を最後にいっさいの著作を発表しなくなり、一八四一年にヘーゲル亡き後のベルリン大学の教壇に復帰するまで哲学の表舞台から消えてしまう。それに比べて、ヘーゲルは『精神現象学』につづいて、『大論理学』（一八一二〜一六年）、『哲学的諸学のエンチクロペディ』（一八一七年）、『法哲学』（一八二一年）と次々に著作を刊行し、一八一八年にベルリン大学の正教授に招聘され、しだいにドイツ思想界に大きな影響力を揮うようになる。そのために、シェリングはヘーゲルによって完全に葬りさられたとみなされるようになった。しかし、そのあいだシェリングは哲学的思索をやめてしまっていたわけではない。むしろ、『世界時間論（Weltalter）』という表題をもつ新しい著作を完成することに全力を集中していたのである。だが、この著作はついに日の目を見ることはなく、膨大な草稿があとに遺されることになった。比較的まとまったものだけでも一八一一年、一八一三年、一八一四年の草稿があるし、シェリングが新設のミュンヘン大学で一八二七年におこなった就任演説の表題も「世界時間論の体系」である。さらに、彼は一八三三年にもこの表題で講義をおこなっている。

シェリングのこうした思索は同時代の人びとにはほとんど知られることがなかったが、二〇世紀になってドイツ観念論に代表される西洋哲学の既成の枠組みを乗り越えようとする思想家たちによって注目されるようになる。マルティン・ハイデガーは「この論文（『人間的自由の本質』）はシェリングのもっとも偉大な業績であると同時に、ドイツ哲学の、そしてまた、西洋哲学のもっとも深遠な著作の一つである」（『シェリング講義』木田元、迫田健一訳、新書館、一九九九年、一五ページ）と主張し、この著作の逐条的解釈を試みた。ユルゲン・ハーバーマスは、エルンスト・ブロッホにたいする『世界時間論』の影響力の大きさを強調し、彼を「神秘主義的シェリング」とさえ呼んでいる（『哲学的・政治的プロフィール』〈上〉小牧治・村上隆夫訳、未來社、一九九九年、二〇五〜二三〇ページ）。たしかに、ブロッホの「未存在」とか「非同時性」という概念は、シェリングの時間論なしには考えられない。また『救済の星』（一九二一年）によってドイツ・ユダヤ思想家たちに大きな影響を与えたフランツ・ローゼンツヴァイクも、一九一三年に『世界時間論』を読んでいる。ステファン・モーゼスによれば、この著作の影響は『救済の星』の構成にまで及んでいる（『体系と啓示——フランツ・ローゼンツヴァイクの哲学』ヴィルヘルム・フィンク出版、一九八五年、三六ページ以下）。

シェリングの「沈黙の思考」が二〇世紀のこうした思想家たちによって注目されたのは、それがドイツ観念論の指導者であったシェリング自身によるドイツ観念論の自己批判だったからである。彼がドイツ観念論の思想基盤を根本から問い直そうとしたということは、『人間的自由の本質』冒頭の文章を読めばわかる。

観念論は、一方においては、ただこのうえなく一般的な自由の概念だけを与え、他方においては、たんに形式的にすぎぬ自由の概念を与えるだけなのである。ところが実在的で生き生きとした自由の概念は、自由とは善と悪との能力である、ということなのである。右の善悪の自由という点が、自由にかんする全教説のうちに潜むもっとも深い困難な点なのであって、こうした困難は昔から看取されていたものであり、またその困難は、たんにあれこれの体系だけにかかわるのではなく、多かれ少なかれすべての体系にかかわるものである(『人間的自由の本質』、四二〇～四二一ページ)。

シェリングの新しい「自由」概念

ここでは「自由」概念の再検討が主張されているわけだが、この概念は「自由の体系」としてのドイツ観念論の体系を支える概念なのだから、それを再検討することは、ドイツ観念論そのものを再検討することにほかならない。それでは、なぜシェリングはみずから主張してきた「自由」概念を放棄しなければならなくなったのだろうか。それは、この自由の概念がじつのところ、それが表現するつもりであったものとはまったく逆のことしか表現できないからである。この概念は「存在＝現前存在」という考えかたを否定して、「事象的で生き生きと活動する」存在の本来的ありかたを表現しようとするものであったが、それがじっさいに表現するのは、もっとも硬直化した現前存在でしかなかったのである。

ドイツ観念論の「自由」とは、みずからの本質を外化してそれによって自己規定していくような運動であった。ところがアリストテレスによれば、本質とは「もともとそれがそうであったもの（*τὸ τί ἦν εἶναι*）」である。たとえば、赤ん坊はまだ一人前の人間ではないが、人間という本質を可能態として自分のうちにもっているので、だれにも強制されることなく、完全な人間になっていける。ドイツ観念論の「自由」は、「自分がもともとそれであるところのもの」になりゆく運動であり、完全な自己実現の運動である。あるいは、本質に即してあるもの、そうであるべきものとしてあるものは「善」と呼ばれるのであるから、デカルトの言うように、「自由とは善への能力である（Libertas est propensio in bonum）」である。

この自由は一見けっこうなもののようだが、すこし考えてみれば、はなはだ迫力を欠いた自由であることがわかる。というのも、ここでは到達点がすでに出発点に与えられているからである。到達点が出発点にすでに含まれているなら、その運動は始まるまえから完了しており、出発点はすでに完成したものとして文字どおり「現前」していることになる。そうだとすれば、どうして出発点はあえてみずからの外に踏みだそうとするのか。また踏みだすことができるのか。いまかりに出発点から踏みだしたとしてみよう。だがこんどは出発点は、一瞬にして到達点にいたりついてしまう。というのも、ドイツ観念論の「自由」概念においては、この移行を妨げたり遅らせたりする装置についてはなにも語られていないからである。したがって、運動は始まった瞬間に終わってしまい、残るのは運動の到達点、つまり完成された「現前存在」だけだということになる。いずれにせよ、ドイツ観念論の「自由」概念がじっさいに表現するのは現前存在だけであって、みずからが否定しようとしたものを、さらに強化されたかたちで固定してしまうのである。

それでは、こうした事態を回避するにはどうすればよいのだろうか。出発点が瞬時に到達点にいたりついてはならないのだから、「まだ〜ではない (noch nicht)」というなんらかの契機が介在し、瞬間的な到達を妨げ遅らせるのでなければならないだろう。『人間的自由の本質』も『世界時間論』も、この契機を従来の「自由」概念のうちに取りこもうとする二つの試みにほかならない。

『人間的自由の本質』は、「まだない存在 (Noch-nicht-Sein)」という契機のうちの非存在 (Nicht-Sein)」という側面に注目する。ドイツ観念論の自由は、みずからがそれであるべきものになりゆく運動であり、善への能力であった。したがって、この自由概念がほんとうに存在の「生き生きとした」運動を表現できるためには、「そうであるべきではないもの」つまり「悪」という契機が本質的な契機として組みこまれなければならない。

それにたいして『世界時間論』は、「まだない存在」のうちの「まだない (Noch-nicht)」という側面に注目する。「まだない」というのは一種の時間規定、しかも、未来から見た現在の規定を含んでいる。自由の運動が可能であるためには、出発点にこの契機が含まれていなければならない。ところが、出発点とは本質、つまり「それがすでにそれであったところのもの」であり、過去という時間規定を含んでいる。そうだとすれば、「まだない」という契機を存在構造のなかに組みこむためには、未来と現在と過去という時間規定がなんらかの仕方で出発点のうちに同時に居あわせていなければならない。こうして、真の「自由」を理解するためには、こうした不思議な時間性の解明が求められる。この課題を果たそうとするのが『世界時間論』である。

『人間的自由の本質』の課題

それではまず『人間的自由の本質』がどのような狙いをもった書物なのかを見てみよう。本書はシェリングみずからが編集した『シェリング哲学著作集』(第一巻、一八〇九年)にはじめて発表されたが、その「まえがき」に次のように述べられている。

著者は、自分の体系の最初の一般的な叙述〔『私の哲学体系の叙述』一八〇一年〕を発表したが、この叙述の続きは、残念なことに、もろもろの外面的な事情のために中断されてしまった。……本論文こそが、著者が哲学の理論的部分にかんする自分の概念を完全な明確さをもって提示した最初のものである(三九五~三九六ページ)。

『人間的自由の本質』は、批判を受けた「同一哲学」をさらに完全なかたちで展開しようとするものである。さらにシェリングは本書の「序論」冒頭でこう語っている。

こうした探求は……自由の概念と一つの学問的な世界観の全体との連関にかかわるはずである。……自由の概念は……体系を統御するもろもろの中心点の一つでなければならない(三九九ページ)。

ここで問題なのは依然として「自由の体系」である。それでは、本書の新機軸はどこにあるのだろうか。それは、「自由の体系」は「汎神論」でなければならないというシェリングの主張にある。しかし、これは一見まったく矛盾した発言のように聞こえる。というのも、「理性のただ一つ可能な体系は汎神論だが、汎神論は不可避的に宿命論となる」（四〇二ページ）というのが、常識とされてきたからである。

自由の体系と汎神論

シェリングの発言を理解するためには、彼がここで語る「自由」の概念が、ドイツ観念論がはじめて発見した「自由の本来的概念」（四一一ページ）であることを理解しておく必要がある。観念論が発見した本来的な自由とは、これまでくり返し述べてきたように、「みずからの本質を外化し、その外化された本質によってみずからを律するような自由」である。

自由なるものとは、自分自身の本質の諸法則にのっとってのみ行為し、自分の内および外のいかなるほかのものによっても規定されていないもののことである（四六〇ページ）。

フィヒテはこうした「自由」を人間存在そのものに固有なありかたと考えたが、シェリングはそれをさらに、自然と精神の対立を超えたすべての存在者の本来的なありかたにまで拡張した。そうだとすれば、「自由の体系」の根本原理は、すべての有限な対立を超えた無制約的なもの、「絶対的な同一性」、いわば万物の根源である「神」でなければならない。こうして、自由の体系は汎神論と対立するどころか、それを要請することになる。

繫辞（コプラ）とはなにか――同一性思考と弁証法的思考

一般に、「汎神論」は、「神はすべてである」という主張に要約できるが、汎神論は宿命論であるという誤解が生じるのは、「判断における繫辞（コプラ）の意味を一般に誤解しているからである」（四〇五ページ）。われわれは普通、「である」は命題の主語と述語の「同一性」を表現すると考えている。たとえば、「馬は走るものである」は、「馬＝走るもの」を表現するというわけである。だが、この文章を繫辞を使わずに「馬が走っている」と言いかえれば、この考えが不自然であることがわかる。それが意味するのは、「馬であること」と「走ること」が等しいなどということではなく、馬という存在がみずから「走る」という能動的な働きをすることによってみずからを外に向かって表現するということである。

シェリングはこれをわかりやすくするために、「完全なものは不完全なものである」という極端な例をあげる。この文が完全なもの＝不完全なものを主張するのではないことはあきらかである。彼によれば、その意味するところはこうである。

> 不完全なものは、それが不完全であるということによって、またそうであるゆえんのものによって存在するのではなく、不完全なもののうちに存在する完全なものによって存在する（四〇六ページ）。

つまり、完全なものはみずからを反対物にまで外化し、それによってそれを基礎づけることで、みずからがその根拠であることを示すのである。したがって、繋辞の本質は単純な同一性ではなく、みずから他者になり、その他者を介して（ギリシア語では dia）みずからを示すという弁証法的な（dialektisch）運動を表現するところにある。

そうだとすれば、「神はすべてである」という主張も、神はみずからを外化してすべてのもののもとに赴いてそれをはじめて存在たらしめ、それによってみずからが万物の根源であることを示すという運動を表現している。汎神論の神は、みずからの本質の外化によってみずからを律するという「本来的自由」というありかたをしているのであり、そうした意味で汎神論は必然的に「自由の体系」でなければならないのである。汎神論を宿命論と誤解するのは、「弁証法についての未熟さ」（四〇七ページ）によるものでしかない。

神における根拠と実存

しかし、汎神論の神に自由概念を適用するとなると、新たに重要な疑問が生じる。神がすべてだとすれば、神がみずからを外化する「外部」とはいったいどこにあるのか。神はこの外化の出発点となりうる「内部」をどこにもちうるのだろうか。シェリングはこの疑問を解消するために「根拠（Grund）」と「実存（Existenz）」という新しい概念装置をもちだす。これによってドイツ観念論の自由概念は決定的な変更を迫られることになる。

「実存」といえば、ふつうは「本質」と「実存」、つまり「〜であること」と「〜があること」の対概念を思い浮かべがちだが、ハイデガーによれば、ここでこのことばは原義にもとづいて理解されなければならない。ハイデガーはこう語っている。

> シェリングは実存ということばを、「実存している」ということは眼前に存在しているということであるという古来ありふれたものになっている意味よりも、このことばの概念にいっそう近い意味で用いています。実＝存とは、自分から歩みでてきて、歩み出てくることにおいて自分を開示するもののことです（『シェリング講義』二四五ページ）。

したがって、「根拠」とはそうした外化の土台であり、みずからのうちに踏みとどまるものということになる。とはいえシェリングは、まず根拠が根拠としてあって、それを土台として実存が可能になるといった平凡なことを言おうとしているのではない。「実存」と「根拠」はいわばたがいに基礎づけあっているのだ。

> 神は、自分のうちに自分の実存の根拠をもち、この根拠はそのかぎりで、実存するものとしての神に先行する。しかし同様に、神はまた、この根拠のプリウスすなわちそれに先だつものである。というのは、もしも神が顕勢的に実存しないならば、この根拠は、根拠としてさえも存在しえないだろうからである（『人間的自由の本質』四二八ページ）。

いままさに駆けだそうとしている百メートル走者を思い浮かべてみよう。彼の全身は駆けだそうとする意志に満ちているが、だからといって彼がひたすら前に駆けだそうとばかりすれば、彼の体は前のめりになり、その意志を実現できない。踏ん張りがきかないからである。勢いよく駆けだすためには、彼はいったん体を手前に引いて、いわばみずからのうちに「ひきこもり」、みずからのうちに力を充填しなければならない。

神も同じである。突然決意して「実存」しようとすれば、神はかならずみずからのうちにいったん「ひきこもら」なければならない。いわば神は歩みでようと決意するときにはじめて、歩みだす「先」とそこから歩みだす「元」とを開くのである。ところで、神の本質はみずからの本質を外化するところにあるのだから、神がそこから歩みだす「元」、つまり「根拠」は、「いまだ神ではないもの」、神の「非存在」、神の「他者」である。あるいは、神こそが「あるべきもの」だとすれば、根拠は「あるべきではないもの」となる。ここに「悪」の遠い起源があるのだが、シェリングはこの神の根拠を「神のうちなる自然」（四二八ページ）と呼ぶ。

そうだとすれば、神はみずからを実現しようとすればするほど、みずからのうちに実現されない「残余」を残してしまい、神は永遠に「生成」しつづけることになる。そして、神はこうした「生成する神」であることによって、みずからのうちにみずからの他者を生みだしつづけるのだから、世界の事物を連続的に創造していく。だからシェリングは次のように言うことができるのである。

事物はその根拠を、神自身のうちの神自身であるのではないもののうちにもつ、つまり神の実存の根拠であるもののうちにもつ（四二九ページ）。

ここでシェリングの「根拠」と「実存」という対概念が、ドイツ観念論の、つまりは彼自身の従来の「自由」概念にたいする反省から生まれたものであることがあきらかになる。観念論の「自由」はみずからの本質を外化し対象化する運動でしかなかったが、本質はすでにみずからのうちに成立しているのだから、その運動はすでに完成しているか、あるいはこの運動が生じたとしても、それは瞬間にその目標点に到達してしまう。その結果、残るのは、本質の絶対的同一性だけであり、「すべての牛が黒くなる夜」だけであった。いまやシェリングは、神の「内なる非存在」という契機を導入することによって、神の生成の運動と世界の連続的創造という「外部」を確保しようとするのである。

悪の形而上学

しかし、神は事物の連続的創造によって一定の「外部」を確保することはできても、いまだ真の「外部」をもつことができない。というのも、神はいまだ自分を真の意味で対象化することができないからである。たしかに、神は外に歩みでようとすればするほど、みずからのうちにひきこもり、みずからのうちに深くひきこもればひきこもるほど、勢いよく外に飛びだすことができる。だが、神においてはこの二つの契機はけっして切り離せない。神はいつでもこの必然的な運動のなかに閉じこめられている。みずからがこうした運動であることを神自身が認識できるためには、この運動そのものを対象化しなければならない。つまり、神はみずからを知るためには、その連続的創造の最後に、「あるべきもの」へ向かう傾向と「あるべきでないもの」へ向かう傾向という二つの契機を自覚的に区別できるような被造物を創造しなければならない。これが人間である。

たしかに、人間以外の被造物（たとえば、動物）も、それが神の「根拠」、つまり神の非存在、神の「あるべきでないもの」に起源をもつ以上は、「動物のうちにも、……あの暗い原理が活動してはいるが、……その原理は……盲目的な悪癖や欲望であって、……動物は〔無意識的なものと意識的なもの〕統一をけっして踏みでることができない」（四四五ページ）。それにたいして、人間においてのみ、「善にたいする熱狂が存在するのと同様に、悪に酔いしれた精神的陶酔というものも存在する」（同ページ）。人間だけが悪を意志することができるのであり、「人間だけが、善と悪とに向かう自己運動の源泉を、等しく自分のうちにもつというあの頂点に位置づけられているのである」（四四六ページ）。こうして、シェリングは人間的自由の本質を次のように規定する。

実在的で生き生きとした自由の概念は、自由とは善と悪との能力である、ということなのである（四二〇ページ）。

これまで述べたことからあきらかなように、シェリングが自由を「善と悪との能力」と捉えなおすのは、自由をふたたび悪を選ぶか善を選ぶかといった「意志の自由」と、それにもとづく道徳的概念に連れもどすためではない。彼が「悪」の存在可能性を問題にするのは、神の真の意味での自己展開を可能にし、自由をほんとうの意味で「実在的で生き生きとした」存在概念にするためなのである。ハイデガーが言うように、「悪」はあくまで形而上学の場面で問題になっているのであり、したがって、『人間的自由の本質』は「悪の形而上学」を展開するものなのである（『シェリング講義』二三〇ページ以下）。

『世界時間論』の課題

『人間的自由の本質』が教えるところによれば、神の存在とは弁証法的運動であって、神は歩みでようと決意した「瞬間」に、歩みだす「先」と歩みでてきた「元」とをいわば同時に開く。とすれば、神が表現する「真の存在」は特有の「時間性」を帯びている。真の存在においては、時間は「過去」から「現在」を経て「未来」へ流れるのではなく、「現在」において「過去（かつてそうであったものの次元）」と「未来（これからそうなるだろうものの次元）」が同時に生起するのである。そうだとすれば、存在の本質はこうした時間性を考察することで解明できるはずである。これが『世界時間論』の課題である。そこで次に、一九一三年の草稿（マンフレート・シュレーター編『シェリング著作集』（遺稿集）、『世界時間論断片』、ミュンヘン、一九九三年）をテキストにして、このシェリングの思索を解説してみよう。

通俗的な時間概念

『世界時間論』は次のような文章で始まっている。

過去のものは知られ、現在のものは認識され、将来のものは予感される。知られたものは物語られ、認識されたものは叙述され、予感されたものは予言される（一一一ページ）。

この一見なんでもない文章は、シェリングの伝統的哲学からの決別の宣言である。これまで哲学は、事物のなんであるかを、つまり事物の本質をみずからの課題としてきた。事物の本質とは、事物をその事物たらしめるものであり、したがってそれ自身は永遠不変で無時間的である。しかも伝統的な理解によれば、事物のなんであるかを問い、その本質を捉えるのは「思考」の仕事であった。そうだとすれば、哲学の対象が必然的に過去・現在・未来という時間性格をもち、この時間性格の異なるに応じてそのアプローチの仕方も異なることを強調する上述の文章は、哲学が思考の学であることをやめ、本質主義を放棄することを意味する。では、思考の学であることをやめた哲学はどのようなものになるのか。

哲学はその語義からしてもすでに歴史学（ἱστορία）である（同ページ）。

「哲学（フィロソフィア）」とは古代ギリシア人の造語であり、もともとは「知識を愛し求める」という意味である。他方、ヒストリアはヒストレオー（ἱστορέω）という動詞の抽象名詞であり、この動詞は「探求すること」を意味する。そこで、ヒストリアの第一の意味は「探求」、「調査」であり、そして第二の意味が、探求によって得られる知識、つまり学問ということになり、そして最後に、探求された成果を報告するという意味で、「物語」とか「歴史」という意味をもつようになる。つまり、哲学も歴史も本来の語義からすれば「知識を求めること」なのである。だが、シェリングはここでただ言葉遊びをしているわけではない。哲学が歴史学であるというのは、哲学の対象が歴史学と同じく必然的に「過去」という時間性格をもたざるをえないからである。

昔から哲学は、世界の限界を、それとともに現在の時間を乗り越え、事物の最初の起源を説明しようとして、最高の意味での過去へと身を向けてきた（一一二ページ）。

では「哲学は、そのことばと内容からすれば歴史なのに、なぜ形式からいっても歴史になれなかったのか」。人びとがこの「最高の意味での過去」を真に理解することができなかったからである。

過去とはより高度な概念であって、すべての人に身近なものだが、それを理解している人は少ない。たいていの人が過去について知っていることといえば、それぞれの瞬間にまさにその瞬間の分だけ大きくなっていき、それ自身はいまなお生成しているが、存在しているものではないものといった程度である（一一九ページ）。

こうした通俗的な過去概念は、時間は継起であるという考えかたにもとづいている。時間が未来から現在を通って過去へとたえず流れていくものならば、過去は、山から流れてきた水が海に注ぐように、刻一刻と増えていく。しかし、時間を連続的継起としてイメージするとき、われわれは、ベルグソンにならっていえば、時間を空間化している。たとえば、時間を川の流れに喩え、未来と現在と過去を上流と中流と下流に喩えるとき、われわれは未来と現在と過去の区別をだいなしにしている。というのも、上流も中流も下流もいまそこに現前しているという点ではすこしも違わないからである。そこにあるのは「現在」だけであり、そこでは過去の「もはやない」という性格も、未来の「まだない」という性格も真剣に受け取られておらず、したがって、この三者の区別も真剣に受け取られていない。

〔過去・現在・未来という〕時間の対立項は、……その諸部分がたえずたがいのうちに流れさることによって生みだされるのではない。何人かの人たちが誤って主張しているように、世界が後方にも前方にも無限に続く原因と結果の連鎖だとすれば、真の意味で過去もなければ、未来もないであろう（一一九ページ）。

本来的時間と「切断」

では、未来・現在・過去という区別はどのようにすれば得られるのだろうか。本来的な「過去」とはどのようなものか。シェリングは次のように述べる。

一定の決然たる（entschiedene）現在がなければ、過去もまたない。……自分を自分から切断し（scheiden）、自分にたいして生じてきたすべてのものから自分を解き放し、それにたいして自分を能動的に対置することができないような人はいかなる過去ももたない。……なにかをいわばあとにする、つまり、なにかを過去として定立するという意識は、人間にとって有益で役に立つ。この意識によってのみ、人間にとって未来が明るいものになり、この条件のもとでのみ、なにかをおのれの前にもたらすことが容易になる。自分を超えて高まる力をもつ人間だけが、真の過去を自分のために創造できる。またそうした人だけが、真の現在を享受できるし、真の未来を予期できる（一一九ページ）。

では、われわれが自分を自分から「切断する（scheiden）」ときとはどんなときか。「決断する（entscheiden）」ときである。シェリングは、本来的な時間を決断という人間のありふれた経験を手がかりにしてあきらかにしようとする。じっさい、われわれは決断するときに奇妙な時間経験をする。いまわれわれがまだ通ったことのない分かれ道にさしかかり、どちらの道を進むか決断しなければならないとしよう。われわれはまず「いま」眼の前にある二つの道をしっかり観察し、「かつて」通った道のなかでちゃんと目的地にゆきつけた道の様子を思い出し、この過去の記憶と現在の道を比較して、似ている道のほうを「これから」進むべき道として選ぼうとする。ここでは、「過去」はそのまま「現在」に連結され、そこから自動的に「未来」が引きだされる。

だが、これで進むべき道が決まるのであれば、決断は起こらないし、決断する必要がない。慎重な熟慮と推論があるばかりである。決断はこうした熟慮をおこなったうえで、しかもその熟慮が無効であるときに起こる。決断とはいわばいっさいの根拠を超えたところでおこなわれる行為であり、絶対的な「自由」の行為である。われわれは決断するとき、「これまで生じてきた経験」に寄りかかるわけにはいかなくなる。むしろそれから自分を解き放し、そこから自力で跳躍しなければならない。そしてこのときはじめて、これまで自分に生じてきたものが「過ぎ去ったもの」として意識され、過去が真に「もはやないもの」と意識される。

さらに、決断の行為は根拠のない行為なのだから、決断によって選択された結果の成否はなんら保証されていない。私が選んだ道が目的地にたどりつける保証はなにもないのである。したがって、決断によって選び取られた未来は、文字どおり完全に「開かれたまま」なのであり、真の意味で「まだない」という時間性格をもつことになる。

最後に、決断は絶対的な自由の行為なのだから、あらかじめ決断の準備をしておくわけにはいかない。われわれはいつも「いま」決断を迫られる。決断の「いま」は過去からも未来からも切断された「いま」である。しかもこの「いま」は、ほかの「いま」と変わることのない一つの「いま」ではなく、みずからの過去と未来がそこに賭けられているような特権的な「いま」であり、「決然たる現在」なのである。

したがって、時間は流れるのではなく、逆に連続的な流れを「切断する」行為によって、「過去」と「現在」と「未来」はいわば同時に生起する。つまり、人間の絶対的「自由」の行為によって本来的時間は生起するのであり、この本来的時間においてはじめて真の「自由」が可能になるのである。

啓示の哲学

そうだとすれば、世界においても「切断」があるところにのみ真の時間と「自由」があることになる。あるいは、「切断」を知っている教説だけが、世界の真の時間性と世界の生き生きとしたありかたを教えることができる。「内的切断と解放によってはじめて、学問の光が暗闇のうちに差し染める」(一九一ページ)。シェリングによれば、キリスト教こそがその教説である。というのも、キリスト教はその「創造論」によって「本来的な過去、世界以前の過去」を知っているし、その「救済論」によって「本来的な未来、世界以後の未来」を知っているからである(一二〇ページ)。したがって、哲学はいまやキリスト教にたちもどり、「啓示の哲学」とならなければならない。

われわれは普通、われわれが生きて死ぬこの世界はすべてが生成消滅する無常の世界、時間が支配する世界であり、それにたいして宗教的な神の世界は時間を超えた永遠不変の世界と考える。ところが不思議なことに、われわれは世界の無常性と時間性というこの当たり前の事実を説明できない。これを説明するとされてきた伝統的な概念装置、つまり、原因と結果という因果的説明も、可能態と現実態という目的論的説明(本質の自己外化と自己規定というドイツ観念論の自由概念もこれに含まれる)も、それがかかわりうるのはじつは「現前存在」と「現在」だけである。要するに、われわれの世界には時間は流れておらず、われわれの世界は時間を喪失している。そうだとすれば、シェリングのキリスト教への回帰は、彼の哲学的思索の挫折を意味するのでもなければ、宗教的・神秘的なものへの逃避を意味するのでもない。むしろ彼はそれによって、時間を喪失した世界に時間を取りもどし、生き生きとした世界の「自由の体系」を真の意味で実現しようとするのである。

シェリングからヘーゲルへ？

『ドイツ観念論』の伝統的な解釈によれば、『自然哲学』によってフィヒテを乗り越えたシェリングは、こんどはヘーゲルの『精神現象学』によって乗り越えられてしまったことになっている。じっさいシェリングが『人間的自由の本質』以後まったく沈黙してしまうのにたいして、ヘーゲルは立て続けに著作を発表し、ドイツの指導的な哲学者にのぼりつめていくという歴史的事実を前にすれば、こうした解釈が出てくるのも無理からぬところである。

しかし、ヘーゲルに批判されて以後のシェリングの思索を追跡してみれば、二人の思想家が追い求めていたものがそれほど違っていなかったことがあきらかになる。どちらの思想家も、「同一性」とともに「差異性」を根本原理として導入し、その「矛盾」を原動力とする「弁証法的思考」によって、真に生き生きとした体系、真の「自由の体系」を打ち立てようとしていたのである。それにもかかわらず、彼らがたがいを理解できなかった理由は、ハイデガーが言うように、「もっとも偉大な思想家たちは結局のところけっしてたがいに理解しあうことはないということ」（『シェリング講義』三八ページ）だけでなく、「同じもの」を実現するための二人のアプローチがそれぞれあまりにも独創的であったことにある。すでに述べたように、シェリングが「悪」と「時間性」を導入することによって「自由の体系」を実現しようとしたのにたいして、『精神現象学』のヘーゲルは「他者」と「ことば」の導入によってそれをなしとげようとする。そこで次章では、この視点から『精神現象学』を解釈することにしよう。

第四章 ヘーゲル『精神現象学』——真理は「ことば」と「他者」のうちに住む

1　『精神現象学』の成立と特徴

　ほんの五年ほど前までシェリングの力強い盟友であったヘーゲルは、『精神現象学』において一転してシェリングの辛辣な批判者に変貌する。彼によれば、シェリングの哲学は「すべての牛が黒くなるような夜」であり、その第一原理である「絶対的同一性」は、すべてがそこに飲みこまれ、そこから二度と出てこれないブラック・ホールのようなものだというのである。この批判はシェリングにとって二重にショックだったにちがいない。というのも、彼はかつての親友にみずからの弱点を指摘されただけではなく、彼自身がその弱点を克服すべく新しい思索を開始したばかりだったからである。すべてが絶対的無差別に収斂《しゅうれん》してしまうというアポリアを避けるために彼が採用した道は、前章で述べたように、「悪の形而上学」を展開することであり、「時間性」を世界に取りもどすことであった。

　それでは、シェリングの批判者としてのヘーゲルが取った戦略とはどのようなものだったのだろうか。それは、「真理」の必然的契機として「ことば」と「他者」を導入することである。真理はどこまでもことばに染めあげられており、真理はことばが語られ他者に聞き取られるところでのみ生息できる。こうした視点はドイツ観念論のほかの思想家たちにはまったく欠けているものであり、それを一貫して体系的に展開してみせたところに『精神現象学』の独創性がある。本章の目的は『精神現象学』を「ことば」と「他者」という二つの視点から読解することにある。

『精神現象学』の成立

『精神現象学』といえば、いまでこそヘーゲルの代表作であるばかりでなく、西洋哲学の古典という地位を得ているが、著者自身はこの著書をみずからの学問体系の第一部、あるいは序論としてしか考えていなかった。しかも、長いあいだ練りあげたというわけではなく、いわば突然思いついてかなり短期間で書きあげている。ヘーゲルは一八〇一年にイエナ大学の私講師になると、自分の哲学体系を出版したいと思うようになり、一八〇二年と一八〇三年に『論理学と形而上学、すなわち反省と理性の体系』という表題をもつ本について語っていた。彼の考える哲学体系とはどんなものかというと、一八〇五年夏には次のようなものを考えていたらしい。

（a）思弁哲学（論理学と形而上学）、自然哲学、精神哲学
（b）自然法学

だが、やがて彼はこの体系を一冊の本で出版することは無理だと考え、論理学と形而上学に序論をつけたうえで、それを「学の体系の第一部」として出版しようと企てる。そしてこの序論が一八〇六年ごろに『精神現象学』という名前を与えられ、そしてこの序論であったはずのものが「学の体系の第一部」としてそれだけ独立して一八〇七年に発表される。ヘーゲル三七歳のときである（『精神現象学』のこうした誕生の歴史については、ジャン・イポリット『ヘーゲル精神現象学の生成と構造』〈上〉、

市倉宏祐訳、岩波書店、六五ページ以下参照）。したがって、『精神現象学』は一年か二年のきわめて短期間に一挙に書きあげられたわけである。しかも、彼が原稿を書いていた当時のドイツは戦乱のさなかであり、ナポレオン率いるフランス軍がちょうどイエナに進軍したときであった。フランス軍によって多くの家屋が破壊され、ヘーゲルの家も荒らされたらしい。

それでは、ヘーゲルにこの名著をこの混乱のさなかにきわめて短期間に書かせた情熱とはなんだったのだろうか。それはヘーゲル自身が『精神現象学』の冒頭で述べている。

われわれの時代が誕生の時代であり、新しい時期への移行の時代であることを知るのは、むずかしいことではない。精神はみずからがこれまで生き考えてきた世界に決別し、それを過去のうちに葬りさり、変革の作業に取りかかっている。……既存のもののうちにそれを軽んじる気持ちや倦怠感が蔓延し、未知のものへの漠然とした予感が広がっているが、これはなにか新しいものが近づきつつある前兆である。全体の外観を変えることのないこうした緩慢な破壊作用が、突如として日の出によって断ち切られ、新しい世界像が稲妻のように打ち立てられるのである（『ヘーゲル著作集〈Hegel Werke〉』第三巻、ズールカンプ版〈Theorie Werkausgabe〉、一八ページ、『精神現象学』長谷川宏訳、作品社、七ページ、ただし、かならずしもその訳文に従っていない）。

この「誕生の時代」、「新しい時期への移行の時代」がどんな時代であるかは、『現象学』が刊行された一八〇七年という年から容易に予想がつく。フランス革命とナポレオンの時代である。いまや人間は理性こそがみずからの本質であり、宇宙を支配する原理であることに気づいただけではなく、理性を唯一の原理とする社会をヨーロッパ中に建設しはじめたのである。

ドイツ観念論のほかの思想家たちと同じように、ヘーゲルもまた「終末論的陶酔」の哲学者である。みずからが二〇〇〇年以上にわたる西洋の歴史が完成する特権的な地点に居あわせており、だからこそ、この目的を実現すべく営々と営まれてきた人間の知的な作業を、現在から振りかえって体系的に整理し、意味づけることができると、彼もまた確信している。じっさい、『現象学』の主要な目的は、人間が外界に依存し服従していた段階を脱して、理性こそがみずからの本質であると同時に世界の運動原理でもあることを知っていく過程を体系的に叙述することなのである。これは『現象学』の目次を一覧しただけでもわかる。

目次

B. 自己意識
IV. 自己確信の真理
C. （AA） 理性
V. 理性の確信と真理
（BB） 精神
VI. 精神
A. 真の精神——人倫
B. 疎外された精神——教養
C. 自己を確信する精神——道徳
a. 道徳的世界観
b. すりかえ
c. 良心——美しい魂、悪とゆるし
（CC） 宗教
VII. 宗教
A. 自然宗教
B. 芸術宗教

C. 啓示宗教

(DD) 絶対知

Ⅷ・絶対知

まず「A. 意識」の段階の人間は、世界は自分から独立しており、人間が存在しようと存在しまいとあり続けるものだと信じている。ここでは人間は世界に依存し、カントのことばを借りれば、「他律的」に生きている。

「B. 自己意識」の段階になると、人間は自己主張をしはじめる。人間は自分こそが世界の主役であることを証明しようとする。彼は「欲望」を発揮して目の前にあるものをかたっぱしから食いつくし、享楽することによって自分の独立性を主張する。さらに、ほかの人間たちにたいしては「生死を賭けた闘争」をくり返すことによって、他者にたいする自分の優位を証明しようとする。しかし、彼はことごとく逆のことを証明してしまう。なぜなら、「欲望」のままに自然のものを食いつくすということは、逆にいえば、自分が自然の産物なしには一瞬も生きていけないということだし、人間が生死を賭けた闘争によって自分の優位を示すためにも、同胞が自分とともに居あわせてくれなければならないからである。結局、人間が学ぶのは、自分が自分であるためには、ほかの人間とか自然といった自分ではない「他なるもの」と共生するほかはないということである。

このことを痛感するときに、人間ははじめて「C.(AA)理性」の段階に達する。ヘーゲルによれば、「理性とは、自分こそがすべてにいきわたっているという意識の確信である」(一七九ページ〔一六一ページ〕)。人間とそれ以外のいっさいのものは理性という共通した原理に従って存在しているのであり、そうであれば、人間はみずからの理性に従うことによって世界の本質に接近できるわけだし、人間が理性の原理にしたがって社会を建設することは、世界の法則に逆らうことではなく、むしろ世界の運動に即している。ここではじめて、人間は世界との和解を実現する。

しかしそれなら、話は「C.理性」で終わるはずである。その章が「(BB)精神」、「(CC)宗教」、「(DD)絶対知」というさらなる区分をもつのはどうしてだろうか。「(BB)精神」で問題になるのは、古代ギリシア精神とか啓蒙思想とか道徳だし、「(CC)宗教」で話題になるのは太古の自然宗教とかギリシアの芸術宗教とかキリスト教の啓示宗教などである。「C.理性」までの「意識の経験の旅」の主役が個人としての「私」だったとすれば、それ以後の主役は「われわれ」である。なぜ同じ「C.理性」という章のなかで主役が「私」から「われわれ」に交代する必要があるのか。その理由はヘーゲルの真理観にある。つまり、真理は他者が居あわせるところに成立し、他者によって語られ、他者によって聞き取られる「ことば」のうちにこそ成立すると、ヘーゲルが考えているからである。『精神現象学』は「われわれ」においてこそ展開されなければならないのである。

2 感覚的確信——語られたものだけが真理である

『精神現象学』は「A. 意識」の「I. 感覚的確信——このものと思いこみ」をもって始まるが、ここにはすでにヘーゲルの考えかたの特徴がはっきりと現われている。というのも、ヘーゲルは早くもここで、語られたものだけが真理であり、それがそうであるのは、それが他者によって聞き取られることによってのみであると主張するからである。

主役は常識的な意識である。したがって、この意識がもっとも確実な知識であり真理であると確信しているということが出発点となる。では、常識的に言ってもっとも確実な知識とはどういう知識だろうか。それはあきらかに「まっさきにわたしたちの眼に飛びこんでくるような知識」、「いま」「ここに」あるものについての知識である。いまここに、この机があり、そのうえにはこの講義ノートがあり、そこにはこの蛍光灯の光が射している。「いま」「ここに」ある知識はじつに豊かで無尽蔵にさえ思える。しかも、この目の前にある事態は自分のほうから私にやってくるので、私はそれをそのまま受け取りさえすればよく、どんな手も加える必要がない。したがって、誤りや錯覚が入りこむ余地もない。感覚が捉える知識こそはもっとも豊かでもっとも確実な知識なのである。

感覚的確信の具体的内容を見るとただちに、感覚的確信こそがもっとも豊かな認識、いやそれどころか、無限に豊かな認識のようにさえ見える。内容が広がっている空間と時間へと出ていっても、充実した内容から一部を取りだし、分割することによってその内部に入りこんでいっても、どんな限界にもぶつかりそうにない。そのうえ、感覚的確信はもっとも真なる認識であるように思われる。それは対象からまだなにも取りさらず、対象をそのまままるごと目の前に見ているからである（八二ページ〔六六ページ〕）。

感覚的確信の真理

ところが、この一見どう見ても疑いようのない事態に、精神現象学の観客である〈われわれ〉はいちゃもんをつける。感覚的に確実に見えるものも、そうだと確信されているだけであって、真理ではないというのである。では、感覚的確信の真理とはなにか。「感覚的確信が真理だと称するものは、もっとも抽象的で、もっともまずしい」。感覚的確信が自分の知る対象について語ることは、「それがある」ということだけなのである。感覚的確信が真理だと思いこんでいるものと、〈われわれ〉が真理だとするものとはまったく対立する。どうしてだろうか。

いま私が「いま」「ここ」にある対象を見ながら、「これは机である」と語るとしよう。この真理を紙に書いてみる。真理というものは、それを紙に書いたからといって失われるはずはない。ところが、私がそれを書いたすぐあとに黒いペンに眼を向けると、その瞬間に紙に書いた真理はだいなしになる。「これは机である」ではなく、「これはペンである」が真理になっているからである。そこで私は古い真理を線で消して、「これはペンである」という新しい真理を書かなければならないが、そのときかたわらを通りすぎる女性の服装が目に入ってしまった。その瞬間に「これは洋服です」という新しい真理が生まれてしまう。それでは線で消されることなく紙のうえに残りつづける真理とはなにか。「これは」「このものは」ということばだけである。

それでは「これ」とか「このもの」とはなにを表現しているのだろうか。それは、机でもペンでも洋服でもないが、机にもペンにも洋服にもなれるものである。そうしたものをわれわれは「一般的なもの」と呼ぶ。たとえば、「くだもの」そのものは「ナシ」でも「リンゴ」でも「ミカン」でもないが、「ナシ」も「リンゴ」も「ミカン」も「くだもの」なので、「くだもの」は一般概念とか普通名詞と呼ばれる。しかも、「これ」はもっとも一般的なものを表わすことばである。われわれはあるものを指差して「これ」と言いさえすれば、世界にただ一つのものを言い表わしたつもりでいるが、じっさいにはもっとも一般的なものしか言い表わしていない。というのも、ありとあらゆるものが「これ」と呼べるからである。感覚的確信が対象について語っていることは、じつは「それがある」ということだけなのである。

感覚的確信とことば

感覚的確信はたしかに「このもの」こそがもっとも確実であり、それを捉えていると確信しているが、それをことばで言い表わそうとすると、それとはまったく逆の事態、つまり一般的なものしか言い表わすことができない。こうした経験はおそらくだれもがすることである。そもそもわれわれはひとりでこの世界に生まれてきて、ひとりでこの世界を去っていく。われわれがこの世界に居あわせるのは一度きり、すべてが一期一会であり、私も私が出会うものも「かけがえのないもの」であり、「このもの」であるはずである。ところが、私にとってもっとも切実なこの体験はけっしてそのままのかたちでは言い表わせないのである。そうだとすれば、私は私だけのこの思いをたいせつにして、無力な「ことば」を捨てさるべきではないか。ところがヘーゲルは逆が正しいと言う。

真理は、〔感覚的確信が思いこんでいることよりも〕言語のほうにある。したがって、われわれとしても言語のうちに身を置いて、みずからの思いこみのほうをただちに否定することにしよう（八五ページ〔六九ページ〕）。

どうして思いこみは否定するしかないかというと、思いこみに執着することは、真理を私物化することだからだ（「思いこむ」というドイツ語は meinen だが、mein には「私の」という意味もある）。しかし、真理はあくまで共有されるもの、公共的なものでなければならない。ヘーゲルは「まえがき」できっぱりとこう語っていた。

他人との合意に達しようとするのが人間性本来のありかたであって、意識がたがいに共通の理解にいたるところにしか人間性は存在しない。感情のうちにとどまり、感情によってしか自分を伝えられないなどというのは、人間性に反した動物的な事態である（六五ページ〔四六ページ〕）。

真理とことば

ここに『精神現象学』におけるヘーゲルの独創性がある。ヘーゲルは真理を本質的に言語的であるとみなす。彼にとっては、ことばで語られるものだけが真理の資格をもち、しかもそのさい重要なのは、語り手がそのことばにどのような意味を込めるかではなく、聞き手がそのことばになにを聞き取るかということである。感覚的確信においては、話し手は「この机」ということばで世界にたった一つしかないものを言い表わしたつもりでいるにもかかわらず、聞き手が聞き取るのは一般的なものでしかなかったのだが、真理は聞き手の側にある。あるいはすくなくとも、話し手は自分が語ったことが真理であることを主張するためには、聞き手を無視するわけにはいかないのである。

フォイエルバッハの批判

この点にかみついたのがフォイエルバッハ（Ludwig Feuerbach 一八〇四〜一八七二）である。彼はヘーゲルの感覚的確信の弁証法が「ことばの論破」であっても、「感覚的確信の論破」ではありえないと批判した。

感覚的意識からすれば、いっさいのことばは名前であり固有名詞である。ことばはそれ自体としては、感覚的意識にとってまったくどうでもよいものであり、この意識からすれば、もっとも簡明に自己の目的を達成するための記号にすぎない。ここでは言語はまったく事象に属していない（『ヘーゲル哲学の批判のために』船山信一訳、『フォイエルバッハ全集』第一巻、福村出版、一九七四年、三〇二ページ）。

そして、フォイエルバッハはこう断言する。

意識は依然として個別的な事物の実在を確保している。……感覚的存在こそ、感覚的意識にとって存続しつづける不変の存在なのである（三〇二〜三〇三ページ）。

フォイエルバッハにとって言語はたんなる記号、事象に外から貼られるレッテルでしかなく、事象の存在に影響を与えないので、感覚的意識こそが個別的事物の真相を直接に捉えている。真理は言語の外に、つまり言語以前の「感情」のうちに、「思いこみ」のうちにある。フォイエルバッハはヘーゲルが捨てさったもう一つの選択肢の側に立っているわけである。たしかに、フォイエルバッハは言語についてこうも語っている。

言語は類の実現以外のなにものでもなく、〈私〉と〈君〉とが個体として分離されている状態を廃棄することを通して類の統一性を実現するために〈私〉と〈君〉を媒介するものにほかならない（二八二ページ）。

真理はもっぱら〈私〉と〈君〉の結合のうちにある（二九九ページ）。

こうした発言からすれば、彼は思想の対話的性格、公共的性格を主張しているかのように見える。だが、彼はここからただちに後退してしまう。思想の叙述はあくまで「思想をほかの人びとのために媒介する活動のなかにみずからの根拠をもっている」（二八二ページ）のだから、「思考のほうが思想の叙述に先だつ」（二九〇ページ）というのである。そこで彼は、ヘーゲルを次のような理由で告発する。

ヘーゲルは、……他者のための〈思想の存在〉をそれ自体における〈思想の〉存在にし、相対的な目的を究極目的にしてしまった（二八九ページ）。

真理にとっての他者の存在の不可欠さ

しかし、「他者のための思想」と「それ自体における思想」の区別を自明視せずに、両者の関係性を徹底的に問うところにこそ、ヘーゲル哲学の独創性がある。そうした意味では、「真理は〈私〉と〈君〉の結合のうちにある」という発想を徹底化しているのは、むしろヘーゲルのほうだということになりそうである。

こうして、『精神現象学』におけるヘーゲル哲学の第二の独創性があきらかになる。それは、真理の成立には他者の存在が不可欠だということである。真理が言語的であり、その言語がつねに聞き手を前提するとすれば、真理が成立する場面とは他者が居あわせている場面でなければならない。ドイツ観念論の哲学者のなかで、真理における「他者の存在」の不可欠性を理解できたのはヘーゲルだけである。そうした意味では、次章「B. 自己意識」における「生死を賭けた闘争」とか「相互承認」といったテーマは、すでに「感覚的確信」という最初の章ですでに予想されていたと考えることができるのである。

一般的なものと個別的なものの統一としての「事物」と「知覚」

ここでふたたび感覚的確信にもどろう。感覚的確信はたんなる「思いこみ」にすぎないとして、バッサリと切り捨てられてしまうのかというとそうではない。ただ感覚的確信が「思いこんでいる」このもの、個別的なものは真理そのものではなく、真理の一部、ヘーゲルの用語にしたがえば、真理の「契機」にすぎないのである。

たしかに、私はこの机、ここにしかないこのものをことばで言い表わそうとすると、そうした個別的なものを否定して、一般的なものに赴かなければならなかった。ところが、一般的なものは直接眼に見ることも、指し示すこともできない。私は一般的なものを説明しようとすれば、どうしても否定されたはずの個別的なものを経由するほかはない。たとえば、「くだもの」とはなにかと聞かれれば、「くだもの」とは「ナシでも、リンゴでも、ミカンでもありうるが、ナシそのものでも、リンゴそのものでも、ミカンそのものでもないもの」と答えるほかはない。たしかに「くだもの」とは「木になり、湿った、食べられるもの」と答えることもできるが、それらの性質はすべて個々のナシやリンゴやミカンを見比べて、それらに共通する性質を抽出したものでしかない。

そうだとすれば、個別的なものが自分を主張するためには一般的なものが不可欠だし、逆もまたそうである。両者は独立に存在するものではなく、対象を構成している二つの契機なのである。このことを学んだときに、意識には「事物（das Ding）」という新しい対象が出現しており、意識自身も感覚的確信という段階から「知覚（die Wahrnehmung）」の段階に進んでいる。というのも、「事物」とは実体（一般的なもの）と性質（個別的なもの）という二元的構造になっているからである。

こうして、『精神現象学』においては、対象のありかたが「このもの」から「事物」へ、さらには「力」へと変化するのにともなって、意識のありかたも「感覚」から「知覚」、「悟性」へと変化する。そして、次章「自己意識」において、人間ははじめて「他者」に出会うことになる。

3　主人と奴隷の弁証法——他者との共存は可能か

『精神現象学』の「B. 自己意識」において、意識ははじめて「私は」で始まる文を語ることができるようになる。意識は自己意識になるわけだが、「私」の発見は同時に「他者」の発見でもある。ヘーゲルの「主人と奴隷の弁証法」が教えるのは、「私」が真に「私」であるためには、「あなた」で始まる文を語ることを学ばなければならないということである。

われわれの先入見のなかでももっとも根強い先入見は、世界はわれわれに先だっており、われわれから独立してあるということである。われわれのだれひとりとして、あらかじめ決意してこの世界にやってきた者はいない。知らないあいだにいわれなくこの世界に投げこまれる。世界はいつでも私に先だって存在している。そして、私はいわれなく投げこまれたこの世界から、やがてふたたびいわれなく投げだされる。しかも悔しいことに、私が去っても、この世界は以前となんの変わりもなく存在しつづけるにちがいない。どうみても世界はわれわれから独立しており、われわれよりも安定している。したがって、なにごとかを知ろうとすれば、われわれのほうが世界に寄り添い、それが告げ知らせてくれることを受け取るほかはない。こうした態度を取るのが、前章で扱われた「意識」である。ちなみに、こうした立場はカントの『純粋理性批判』が出発点に据えた立場でもあった。

生命と欲望

しかし、「意識」の最終節「力と悟性――現象と超感覚的世界」において「生命」が世界に登場すると、この立場に決定的な変化が生じる。というのも、「生命」とは次のような存在だからである。

生命とは、みずからを展開しながら、みずからこの展開を解消し、こうした運動においてみずからを単一なままに維持するような全体である（一四二ページ〔一二五ページ〕）。

たとえば、有機体は細胞分裂をくり返して、さまざまな自立した器官に分化していくが、この器官がそれ固有の機能を果たすためにはつねにその独立性が否定され、全体に関連づけられなければならない。胃は消化という独自の機能を果たすが、だからといって周りの器官から切り離されてしまえば、ただちに機能を停止してしまう。

さらに、有機体は自己を維持するためには、つねに自己の外に出て栄養分を摂取しなければならないが、だからといってそれらに解消されることなく、むしろそれを同化することで自立性を保持する。生命は「みずからの無機的自然から身をもぎ離し、それを食いつくすことによって自己を保存する」（一四一ページ〔一二四ページ〕）。

最後に、類としての生命はみずからを分化してさまざまな個体としての有機体を生みだすが、個体は類としての生命をつねに活性化するために、みずからを否定して死ななければならない。「一粒の麦は、土地に落ちて死ななければ一粒のままである。だが、死ねば多くの実を結ぶ」（『ヨハネによる福音書』第一二章二四節）。

いずれにせよ「生命」は、意識のように外界の独立性を尊重しそれにただ対峙しているだけでは、ただちに死滅してしまう。ヘーゲルは「感覚的確信」においてすでにこう述べていた。

動物は、感覚的なものをそれ自体で存在するもののようにみなして、その前に佇んだりしないで、その実在性に絶望し、それが空しいものであることを心から確信して、ただちにそれに手をのばして食べつくしてしまう。この公然たる秘儀は、感覚的なものの真理がなんであるかを教えているのであって、動物のように全自然は、この秘儀を祝うのである（九一ページ〔七五ページ」)。

「生命」の出現はこれまでの「意識」の態度に変更を迫る。ヘーゲルは生命が示すこの新しい態度を「欲望（Begierde）」と名づける。動物は生身でこの世界に存在しており、生身である以上はやがて空腹を感じる。そんなとき目の前においしそうなリンゴがあると、動物はそれを食べたいと思い、それにかじりつく。そのとき、リンゴはみずからの独立した存在を奪われて、自分がみずからを食べるものの「手段」でしかないことを暴露する。逆に言えば、動物はそれによって自分が独立した存在であることを確認し、いわば「自己」を確認する。欲望とは、ほかのものの存在を奪い取り、それをわがものにすることによって自己を確信するような意識の運動なのである。

自己意識と生命

こうした対象の変化にともなって、これまでの「意識」のありかたも「自己意識」に変わる。ちょうど前章において、対象が「このもの」から「事物」へ、そして「力」へと変化したのに対応して、意識のありかたも「感覚」から「知覚」へ、そして「悟性」へと変化したように。それではどうして「自己意識」なのか。それは自己意識が生命と同じありかたをしているからである。フィヒテによれば「自我はみずからを定立する」。自我はみずからを否定してみずからの本質を他者として外化し、その他者性をふたたび否定してみずからのうちに同化するような運動である。したがって、自己意識もまた生命と同じように、「みずからを展開しながら、みずからこの展開を解消し、こうした運動においてみずからを単一なままに維持するような全体」なのである。

とはいえ両者には決定的な違いがある。生命がそうした全体をただ生きるだけであるのにたいして、自己意識はそうした全体を対象としており、したがって、自分がそうした全体であることを自覚できるのである。フィヒテの「自我はみずからを定立する」という命題が、「自我はみずからを〈みずからによって定立されたもの〉として定立する」という事態を必然的に含んでいたことを思い出していただきたい。

> 自己意識は、すべての区別の無限な統一を自覚することができるが、生命はこの統一をただ存在するだけであって、それを同時にみずから自覚するということがない（一三九ページ〔一二二ページ〕）。

このように、自己意識だけがそうした統一を自覚できるということは、自己意識だけが「私は」と語ることができるということに端的に示されている。アレクサンドル・コジェーヴ（Alexandre Kojève 一九〇二～一九六八）はこう語る。

> 人間とは自己意識である。……人間は、たんなる自己感情の域を超えない動物と本質的に異なっている。人間は〈私〉という言うときにはじめて、自己を意識する（『ヘーゲル読解入門』上妻精・今野雅方訳、国文社、一九八七年、一一ページ）。

自己意識の段階にいたりついてはじめて「私」という主語が登場する。いまや人間は「私」で語りはじめるまったく新しい語りかたを学んだのである。いやむしろ人間は、「私は」と語るときにはじめて人間になる。ところで、「私」を主語とする文は必然的に「私は私である」という文にたどりつく。というのも、この〈私〉は自分が世界の本質であることも知っているからである。われわれはフィヒテ知識学の出発点にいるのである。

だが、ヘーゲルはこの「私は私である」が「自己についての確信」でしかないと語る。これは、自己意識のこの「確信」もまた、感覚的「確信」と同じように、その「真理」とずれているということを暗示している。じっさい、自己意識は「私は」ということばを発した瞬間に、感覚的意識が「これは」ということばを発した瞬間に巻きこまれたのと同じ弁証法的運動に巻きこまれることになる。というのも、自己意識は〈私〉ということばによって、このことばをいままさに発している〈このただ一人の存在〉を言い表わしたつもりでいるが、〈私〉ということばは〈このただ一人の人〉どころか、彼のかたわらにいるすべての人間がだれでも使うことができることばだからである。だが、自己意識がここで巻きこまれる弁証法は、感覚的確信の弁証法とは次の一点で決定的に違っている。感覚的確信においては、その弁証法を展開するのはあくまで観客である哲学的意識にすぎなかったのにたいして、ここでは自己意識自身だという点である。というのも、もはや自己意識はみずからが世界の主役であり「真理」であることを知るにいたっているのだから、みずからの確信が真理であることもみずから証明せざるをえないからである。自己意識は自分以外のすべての〈他者〉のもとに赴いて、その存在を否定し、その存在を奪い取り、自分こそが主役であることを証明しなければならない。こうした意味では、自己意識もまた「欲望」でなければならない。

自己意識は、それにとっては自立的な生命として現われるようなこうした他者を否定することによってのみ自己を確信する。つまり、自己意識は欲望なのである（一四三ページ〔一二六ページ〕）。

人間の欲望と動物の欲望の相違

しかし、人間と動物の「欲望」にも決定的な違いがある。一般に、欲望による自己確信には矛盾がつきまとう。欲望の対象を否定することによってのみ自己を確信できるということは、自己確信には他者の存在が不可欠だということである。私は自分が主役であることを証明したかったのに、あきらかになるのは他者なしには生きてゆけないという現実でしかない。

そして、この矛盾が深刻な意味をもつかどうかが、動物の欲望と人間の欲望を区別する。動物の欲望は生命維持という目標が果たされれば充足し、「自己自身との統一の感情」（一四一ページ〔一二四ページ〕）が得られる。動物は自分が主役かどうかなんて気にしない。ところが、人間は「私は」ということばを発した瞬間に、こうした「自己感情」にとどまるわけにはいかなくなる。ちょうど人間が感覚において「これは」ということばを発した瞬間に、みずからの「思いこみ」にとどまるわけにはいかなかったように。

人間の欲望の目標はあくまで〈私〉の自立性の確認にある。しかし、人間は欲望の対象を食いつくし否定してしまえば、〈私〉の自立性を確認してくれるものがなくなるのだから、またすぐに次の欲望の対象を探し、それを否定することでふたたび自己を確認しなければならなくなる。こうして、人間の欲望はどんどん肥大化し、ついには自己目的化してしまう。人間の欲望にはかぎりがない。人間の欲望の対象はあれやこれやの具体的対象ではなく、欲望することそれ自体である。

自己意識とは「あれやこれやの欲望ではなく」欲望一般である(一三九ページ〔一二二ページ〕)。

ところで、欲望による自己確信が欲望の対象の存在に依存するとすれば、自己確信の程度も、否定される対象の程度に比例することになる。リンゴを否定することで得られる〈私〉の存在はリンゴ程度のものでしかない。そうだとすれば、もっとも充実した最高の自己確信が得られるのは、欲望の対象が自分に匹敵するような存在のばあい、つまり、自分と同じように欲望し、自分と同じように欲望によって自己を確信したいと思っているような存在、要するに、もうひとりの〈私〉であるときだろう。〈私〉が〈私〉でありうるためには、もうひとりの〈私〉、つまり〈あなた〉の存在が不可欠なのである。

生死を賭けた闘争

しかし、問題はこの関係がどのようなかたちを取るかということである。

私は自分に匹敵する存在である同じ人間を欲望の対象にし、彼を否定することによって、自分の自立性を承認してもらいたいというやむにやまれぬ渇望を抱いている。ところが、相手もまた同じ渇望を抱いているはずであって、自己の承認を求める運動は、必然的に相互に承認を求めあう運動になる。一見ここには平和な社会関係が実現するかに見える。たがいがたがいを必要とし、たがいがたがいによって認められようとしているからである。ところがじっさいはまったく逆である。相手に自分を承認させることとは、相手を完全に打ち負かすことによってしか実現されないからである。しかし、相手を完全に打ち負かすとは究極的には相手の死を望むことにほかならない。ところで、相手も自分と同じである以上、彼もまた自分の死を望んでいるはずである。こうして、人間がそれぞれ相手から承認され、〈私〉が〈私〉になりうるためには、それぞれが「生死を賭けた闘争」と戦わなければならなくなる。

こうした結論は一見、トマス・ホッブズの見解に似ているかもしれない。ホッブズは人間の自然状態は「万人の万人にたいする闘争」であると主張した。しかし、ホッブズのばあい闘争が起こるのは各人の自己保存の本能のためだったのにたいして、ヘーゲルにおいては承認されたいという欲望であり、あくまでも社会的衝動である。この違いが闘争の帰結に違いを生むことになる。

ところで、この「生死を賭けた闘争」が徹底的に推し進められれば推し進められるほど、相互承認は実現されず、自己確信はだいなしになってしまう。その理由は簡単であって、すべての人がたがいに殺しあえば、ただ死体がそこに転がっているだけであって、自己を確信すべき者がだれもいなくなるからである。「死による確証は、そこから生じてくるはずの真理も、したがってそもそも自己確信をもだいなしにしてしまう」(一四九ページ〔一三三ページ〕)。

「主人」の意識と「奴隷」の意識

人間はこうした矛盾をくり返し経験するうちに、次のことを痛感するようになる。つまり、純粋な自己確信を得るためには、みずからの生命さえも顧みず、他者をひたすら否定しようと努力するだけでなく、生命に執着して、ひたすら生き延びようと努力することも同じように必要なのである。だが、この二つの努力は両立できず、この両者の役割を同時に引き受けることはできないので、それぞれの役割を別々の人が引き受けざるをえない。こうして、自己意識は対立する二つの意識形態に分裂する。

一方は、自主独立を本質とするような自立的な自己意識であり、他方は、生命を、あるいは他者のためにあることを本質とするような従属的な意識である。前者は主人、後者は奴隷である(一五〇ページ〔一三四ページ〕)。

結局、「他者との出会い」は、相互承認という幸福な関係ではなく、支配と隷属という不幸な関係にいきついてしまう。だが、なぜ「奴隷」は「主人」に従属するのだろうか。「奴隷」の意識は、生命を維持するために物の束縛を逃れることができず、物の世界にとらわれている。生きるためには食わなければならない。ところが、「主人」の意識は、武士は食わねど高楊枝とばかりに、物の存在に消極的な意味しか認めず、それによって物への支配力を確立している。そして、主人が支配している物は、奴隷にたいする支配力をもつのだから、主人は間接的に奴隷にたいしても支配力をもつことになるのである。

人間関係の重要な媒体としての物質の重要性がここで指摘されていることに注目すべきである。これを哲学において指摘したのはヘーゲルがはじめてである。マルクスがこの点でヘーゲルを高く評価したのは有名である。ジョルジュ・ルカーチの『若きヘーゲル』(生松敬三・元浜清海・木田元訳、『ルカーチ著作集』第一〇・一一巻、白水社、一九八七年)によれば、ヘーゲルにそれができたのは彼がイギリスの近代経済学をいちはやく学んだためだという。

「主人」と「奴隷」の弁証法

人類の長い歴史が教えているように、残念ながら人間関係はつねに支配と隷属の関係でしかなかった。われわれの相互承認の努力はつねに挫折しつづけてきたし、特定の人の自己確信はほかの人びとの自己犠牲を代償としてきた。ヘーゲルは『歴史哲学講義』でこう語っている。「東洋人はひとりが自由であることを知るだけであり、ギリシアとローマの世界は特定の人びとが自由であることを知るだけだった」(『歴史哲学講義』〈上〉四一ページ)。

しかしヘーゲルによれば、こうした不平等な承認関係は、人間がやがて「奴隷」の意識を介して真の意味での〈私〉を発見するための不可欠な条件であった。なぜなら、この関係においてはじめて、奴隷はみずからが主人の主人であり、主人が奴隷の奴隷でしかないことを学ぶからである。「したがって、自立的な意識の真理は奴隷の意識である」(『精神現象学』一五二ページ〔一三五ページ〕)。こうした逆転こそが、有名な「主人と奴隷の弁証法」と呼ばれるものである。

死の恐怖

この弁証法は、奴隷が強いられる「死の恐怖」と「労働」によって生じてくる。

奴隷の意識は生命に執着するために主人に支配されるが、自己意識はもともと相手を否定しようとするものだから、奴隷は主人によってつねに生命の危険にさらされる。主人が奴隷の生殺与奪の権利を握っている。奴隷は生き長らえたいばかりに奴隷の身分に転落したはずなのに、かえって四六時中「死の恐怖」にさいなまれることになる。そうなると、この世界への執着そのものが動揺してしまう。しかしその結果、奴隷は純粋なおのれ自身の存在に直面できるようになり、純粋な自己意識の本質を体現するようになる。

奴隷の意識が抱く不安は、特定のなにかについての不安でもなければ、特定の瞬間に生じる不安でもなく、自分の存在の全体にたいする不安である。というのも、この意識は絶対の主人のもとで死の恐怖を味わったからである。その恐怖のなかで奴隷の内面はくずれさり、徹底的にゆさぶられ、彼のなかではすべてが動揺してしまう。しかし、いたるところに生じるこの純粋な運動、ありとあらゆる確かなものの絶対的な流動化こそは、自己意識の単純な本質にほかならない。というのも、その本質とは絶対的な否定性であり、純粋な自主独立性だからである(一五三ページ

〔一三六ページ〕）。

自己意識にとっての「労働」の意義

さらに、奴隷の意識においては、こうした自主独立性は「労働」によってたんなる自己感情の域を脱して、具体的な物のうちに刻印される。いま目の前の木にリンゴがなっているとしよう。それをすぐに食べてしまえば、私は欲望を充足させ、対象を消費しただけであって、労働はしていない。そこで今度は、リンゴが食べたい一心から、庭の土地を耕し、種を植え、水をやり、リンゴを実らせたとしよう。このとき私は「労働」したのである。つまり、労働とはいわば「欲望の延期」であって、労働は対象を消費し、否定するのではなく、それに手を加え、変形させる行為である。

対象が変形させられることで、労働する人間の形式がそこに刻印される。言いかえれば、人間の意識は「労働」によってみずからが生みだしたもののうちにみずからが対象化されているのを経験し、いわばみずからを直観することができる。「奴隷」の意識は、主人によって「死の恐怖」を味わわされることによって、自然のあらゆる執着から解放された純粋な自己意識を実感し、主人に「労働」の奉仕をおこなうことで、純粋な自己意識の形式を具体的なものに刻印し、それによって対象となった純粋な〈私〉に出会えるのである。ある意味ではここには「自己承認」の関係が成立しているといえる。それにたいして、主人がみずからの自立性を自慢できるのは、奴隷とその労働に依存しているからでしかない。こうして、歴史の未来は「主人」の意識ではなく、「奴隷」の意識のうちにある。「奴隷」の意識は隷属が課す鍛錬を積み重ねることで、自己発見と自己解放のときを準備してきたのである。

「あなた」の発見

それでは、ヘーゲルの「主人と奴隷の弁証法」が「ことば」について教えることとはなんだろうか。それは、「私」で始まる語りかたは、フィヒテが考えたように、必然的に「私は私である」にはいきつかないということである。われわれは「私は私である」と語りうるためには、まずもって「私」を放棄して、「あなた」で始まる文を語ることを学ばなければならない。「奴隷」の意識がいわば生死を賭けるほどの苦渋に満ちた経験を通して学ぶのは、「二人称の文法」なのである。だが、「私」が「あなた」を介してはじめて可能になるということを学ぶということは、「私」の真理は「われわれ」だということである。というのも、「あなた」を必然的な契機とする「私」とは「われわれ」にほかならないからである。「主人と奴隷の弁証法」の最終成果は、人間が「われわれ」から始まるまったく新しい語りかたを学ぶところにこそある。

だがこのとき『精神現象学』の舞台はすでに、「歴史」に移っている。というのも、「われわれ」で始まる文が自然に語られるのは、自然発生的な「共同体」においてだからである。ヘーゲルはその代表として古代ギリシアを取りあげる。

4　ギリシアのポリス——〈われわれ〉としての精神

自己意識は「生死を賭けた闘争」と「主人と奴隷の弁証法」といういわば血なまぐさい経験を経て、「われわれは」というまったく新しい語りかたを学ぶ。そして、これを学んだときに、自己意識は「精神（Geist）」の段階に達している。というのも、精神の本質は〈われわれ〉にほかならないからである。ヘーゲルは、「自己意識」の章の序文ですでにそれを予告していた。

> これから意識に生じてくるのは、精神がなんであるかの経験であり、この絶対的実体が……〈われわれ〉であるような〈私〉であり、〈私〉であるような〈われわれ〉であるという経験である（二四五ページ〔一二八ページ〕）。

しかもヘーゲルによれば、「われわれ」を本質とする「精神の存在こそが真にリアルな存在」であって、それに比べれば「意識のこれまでのすべての形態は精神の抽象的な形態にすぎない」（三二五ページ〔二九七～二九八ページ〕）。この主張を理解するために、「意識」と「自己意識」の基本的な前提をもういちど振りかえってみよう。

意識によれば、われわれ人間はまったくなじみのない世界、自然的世界にいわれなく生まれあわせる。世界は私に先だってあり、したがって私は世界をただそのままに受け容れるほかはない。それにたいして、自己意識によれば、私は自分以外のどんなものにも依存していない。私はこの世界にただひとりみずからの足で立っている。これを証明するために、私はみずからの意図に合わせて世界をゼロからつくり変え、ほかの人間を圧倒してみずからの優位を認めさせなければならない。

〈われわれ〉としての精神

　しかしちょっと考えてみれば、こうした考えかたがいずれも常識とはかけ離れた「抽象的な」考えかたであることはすぐわかる。さしあたり私はなじみのない自然的世界に対峙《たいじ》しているわけでもなければ、単独の個人としてこの世に存在しているわけでもない。じっさいには私はつねにだれかの子供として生まれ、だれかの兄弟・姉妹としてである。家族という血縁共同体のうちに生まれるわけである。さらに、私はまったくの手付かずの自然のうちにいるのではなく、特定の風土としきたり（ドイツ語でSitteという）をもった地域に住み着いており、人間という生物としてではなく、たとえば日本人として暮らしている。地域共同体や民族共同体のうちに生きているのである。

　したがって、人間はまずもって「われわれ」であり、「われわれ」ではじまる語りかたこそが、人間が最初に語るもっとも自然な語りかたなのである。ヘーゲルは、人間がさしあたりいつでもすでにそこに生きているこうした自然発生的な「われわれ」とその絆を「人倫（Sittlichkeit）」と総称する。だからこそヘーゲルは、「精神とは人倫的な現実である」（三二五ページ〔二九七ページ〕）とか、「精神が直接的な真の姿で現われたのが、民族の人倫的な生活である」（三二六ページ〔二九八ページ〕）とか言うのである。

精神と歴史

こうして、われわれは精神とともに「歴史」の舞台に踏みこむ。とはいえわれわれはここではまだ「歴史」の出発点に立っているにすぎない。というのも、精神は〈われわれ〉をみずからの本質としてはいるが、そのことをまだ自覚していないからである。精神はまだ「自己確信」の段階にいるのであって、真理の段階に達してはいない。しかし他方で精神は、「われわれは」ということばを発した瞬間に真理への道を踏みださざるをえない。というのも、〈われわれ〉を主語とするということは、そこに含まれる「確信」が公共化され、すべての人に共有されることを意味するからである。したがって、歴史は自然発生的な「われわれの共同体」から出発して、自覚的な「われわれの共同体」にまでいたりつく過程となり、それは同時に、精神が歴史のなかでみずからを自覚していく過程ともなるだろう。ヘーゲルは前者の共同体を古代ギリシアのポリスに見いだし、後者をフランス革命以後の社会に見いだす。

理想の共同体としてのギリシアのポリス

「VI．精神」の章は、「A. 真の精神——人倫」から始まる。具体的には、ギリシアのポリス、とくにアテネが問題にされる。なぜアテネなのか。西洋ではこれこそが古代社会において〈われわれ〉が理想的に実現された共同体とみなされてきたからである。古代社会は、いまだ神話に包みこまれた部族社会であるか、ペルシア帝国のようにひとりの絶対君主が多くの臣民を支配する専制国家であるかでしかなかったのにたいして、ギリシア共同体は、平等な独立した市民が直接参加する民主政体を実現していた。『歴史哲学講義』ではギリシアについて次のように語られている。

ギリシア精神とギリシア国家にふさわしい体制としては、民主制しかありません。東洋では専制政治がその地にふさわしい政治形態として見事に花ひらくのが見られましたが、それにおとらず、ギリシアの民主政体も世界史をかざるに足る意味をもっています。ギリシアには個人の自由が存在するが、その自由は、共同体たる国家そのものに完全に従属するところまでは抽象化されず、むしろ、個人の意思がまったく生き生きと自由に行きかい、各人の分に応じて共同体の仕事にたずさわる、というかたちになっています（『歴史哲学講義』〈下〉、五〇～五一ページ）

ギリシア市民はまだ自分にたいする利己的な意識も、内面の自由ももたず、共同体の利害にもとづいてのみ行為の決断をする。彼らは共同体に奉仕することだけにみずからの存在意義を見いだすのである。そうした意味で、共同体こそが彼らの目的であり、目標である。しかもこの目標は、専制国家のように、外から押しつけられるものではない。なぜなら、目標となる共同体は、すべての市民がみずからつくりあげるものだからである。市民はすべてが平等な資格で民会に参加し、そこで自由に討議しあい、全員の投票で公共的な法律を決めていく。そうだとすれば、ポリスというギリシア共同体においてこそ、これまで追い求められてきた「相互承認」が実現されているように見える。それぞれの個人はみずからのつくりだした世界において自分の本質が実現されているのを目撃し、それを目的として行為することによって自己の存在意義を自覚できるからである。

ギリシア世界のこうした理想化はなにもヘーゲルだけに限ったことではない。一八世紀から一九世紀にかけての世紀転換期は、産業社会の躍進によってヨーロッパの環境が大きく変わりはじめた時期であったが、この変動はヨーロッパの思想界には一つの危機として受けとめられた。というのも、それまで一〇〇〇年以上にわたってヨーロッパを一つにまとめてきたキリスト教的なイデオロギーが無効になりつつあったからである。

キリスト教は隣人愛と禁欲を教えてきたが、新しい社会は競争社会であり、欲望を肯定する欲望の体系である。だから、古いヨーロッパ的教養を抱いていた人びとは、資本主義の到来とともにヨーロッパが野蛮化し、強い結びつきを失ってばらばらになってしまうことを危惧した。そこで、彼らは新しい絆を求めはじめる。ドイツ・ロマン派は、こうした災厄が啓蒙主義のせいだとして、自分たちのルーツであるゲルマン民族の神話的世界に帰ることを提唱した。グリム兄弟の民話研究はそうした動機から生まれたものである。さらに、ノヴァーリス（Novalis 本名 Friedrich von Hardenberg 一七七二〜一八〇一）などは、キリスト教が生活に根づいていた中世ヨーロッパにあこがれた。先鋭的であったフリードリヒ・シュレーゲル（Friedrich Schlegel 一七七二〜一八二九）でさえ、のちにカトリックに改宗している。

ところが、啓蒙主義の成果を引き継ごうとする人びとにとっては、こうした態度は共有できるわけがない。そこで、彼らが目をつけたのがギリシアのポリスである。そこでは、人びとが神話にも身分制秩序にも頼ることなく調和的な生活を営んでいたからである。こうした流れに最初のきっかけを与えたのは、ヴィンケルマン（Johann Joachim Winckelmann 一七一七〜一七六八）である。彼は『古代芸術模倣論』（一七五五年）と『古代美術史』（一七六四年）において、ギリシア芸術は「高貴なる単純さと静謐《せいひつ》な威厳」に満ちており、後代が模範とすべきであると主張した。ゲーテ、シラー、フンボルトといった古典主義的思想家たちは例外なくギリシアに魅了された。ヘーゲルの同級生ヘルダーリンもギリシア世界に熱狂した。そして、ヘーゲルもまた青年時代には形骸化したキリスト教を厳しく批判して、ギリシアの民族宗教を賞賛し、ギリシア的共同体を現代に蘇らせることを目指していた。

ギリシア世界における「主人と奴隷の弁証法」

しかし、『精神現象学』におけるヘーゲルのギリシアにたいする評価は、青年時代のようにもはや手放しのものではない。それは『現象学』の「精神」の章におけるその位置からしてすでにあきらかである。冒頭に置かれているということは、それが出発点でしかなく、やがて精神の歴史において乗り越えられることを示唆している。では、ギリシア共同体はみずからのうちにどんな矛盾をはらんでいたのだろうか。

周知のように、ギリシアのポリスでは自立した市民が昼間から民会に出かけていき、政治に携わったのだが、それでは彼らはどうやって生計を立てていたのだろうか。彼らはそれぞれ荘園をもち、そこで家族や奴隷を労働させて生計を立てていたのである。そして、こうした経済生活を支え、家計を管理するのは一家の主婦、つまり女性たちであった。男たちが自立した存在として政治の表舞台で

「相互承認」の関係を築くことができるのも、女たちが裏舞台で生命を維持するための生産活動に従事してくれていたからなのである。ここでは、「自己意識」の章で語られた「主人」と「奴隷」の関係が、「男」と「女」の関係のうちに現われている。アレクサンドル・コジェーヴは、主人と奴隷の弁証法が自己意識の章で終わるのではなく、むしろ歴史の舞台でこそ本領を発揮すると主張したが、この点で彼は正しい（『ヘーゲル読解入門』五六ページ以下参照）。そこで、その弁証法の展開を追ってみよう。

それぞれの荘園はあくまでそれを所有する個人の「欲望」のもとに営まれ、それが生みだす富もまた個人の所有物となる。そうすると、個人的な利害が生じ、共同体の統一性がばらばらになる危険性がある。そこで共同体の政府はある手段を講じる。「戦争」である。ギリシアではすべての市民は同時に戦士でもあり、従軍する義務を負っている。では「戦争」の意義とはなにか。

政府はときどき戦争によって利己的になった各機構を内側から震撼させ、整備され自立的になった秩序と法を侵害し、混乱させながら、……個人にたいしてはこの労働を課すことで、死こそが彼らの主人であることを感じさせなければならない。精神は、存在の形式をこのように解体することによって、個人が人倫的生活から自然のままの生活に沈みこむのを防ぎ、みずからを意識しているそのありかたを保持し、さらには自由と力を発揮できるようにする（『精神現象学』三三五ページ〔三〇七ページ〕）。

自己意識はみずからの自立性を示すために自分の命を賭けなければならなかったが、いまやギリシア共同体はみずからの統一性を保持するために、戦争という手段によってその成員に命をささげさせるのである。だが、自立性の証明のために命を賭けるという行為は自己否定的な行為であった。死んでしまえば自立性どころかみずからの存在もたんなる自然的存在、つまり死体に転落してしまうからである。

死は自然的な否定であり、存在するがままの個人の運動であって、そこでは意識がみずからに帰って自己意識になることがない（三三三ページ〔三〇五ページ〕）。

たとえ共同体のためであれ、各人は各人の死を死ぬほかはないのだし、死んでしまえば残るのは一個の屍であって、そこには共同体の痕跡を示すものはなにもなくなる。この矛盾を解決するために、ふたたび家族と女性が登場する。というのも、家族は死者の埋葬と礼拝によって、自然的出来事でしかない死に意味を与え、それを精神的出来事に変えるからである。家族は戦死した主人を引き取り、埋葬によって大地のふところにかえし、地の霊（ダイモン）たらしめる。さらに、彼を礼拝によって死んだ人びとの系列、つまり祖先に加えることによって、彼の死に公共性を与えてやる。

人間の掟と神々の掟

男が支配する世界が政治の世界だとすれば、女の支配する世界は一種の宗教的世界であり、ポリスの世界が昼の世界だとすれば、家族共同体の世界は夜の世界、すなわち冥界である。前者の世界が人間の掟に従うのにたいして、後者の世界は神々の掟に従う。これはソポクレスの悲劇『アンティゴネ』をモデルにしている。兄を埋葬してはならないという王クレオンの命令に背いたアンティゴネは、クレオンの非難にたいして次のように反論する。

正義の女神が、そうした掟を、人間の世にお建てになったわけではありません。またあなたのお布令に、そんな力があるとは思えませんでしたもの、書き記されてはいなくても揺ぎない神さま方がお定めの掟を、人間の身で破りすてができようなどと（ソポクレス『アンティゴネ』呉茂一訳、『ギリシア悲劇』第二巻、ちくま文庫、一七二ページ）。

家族共同体はポリスにおける「相互承認」の関係を裏から支えるだけではなく、それ自身も一定の「相互承認」の関係を実現してもいる。ただ違いは、前者が意識的な承認関係であるのにたいして、後者が自然発生的な関係にとどまっている点にある。たとえば、家族は男女の愛の関係から始まる。男女の愛はすでに自己意識のあいだの直接的な相互承認の関係である。というのも、ヘーゲルによれば、愛とは他者を他者と認めながら、そのうちに直接に自己を認識するような関係だからである。しかし、この関係は自然発生的でしかないので、この相互承認の結果は二人のあいだに帰還することがなく、外的なものとして二人の外に現われる。「子ども」こそがそれである。したがって、自然発生的な承認の関係は、子どもからさらにその子どもへというふうに世代に受け継がれ、結局、血のつながり、民族というかたちを取る。

夫と妻の関係とは、それぞれの意識がたがいに直接に認めあうことであり、相互に承認しあっていることを認めることである。しかし、この相互承認は自然発生的で人倫的ではないので、……夫と妻の関係はその現実を子どものうちにもつことになる。夫と妻の関係は、子どもというこの他者が生まれることであり、この他者が生まれると、この関係そのものがやがて消え失せてしまう。そして、このように世代はつぎつぎと交替していくと、民族というかたちを取るようになる（三三五〜三三六ページ〔三〇七〜三〇八ページ〕）。

そうだとすれば、ギリシアのポリス共同体は、人間の掟と神々の掟、意識的な承認関係と自然発生的で無意識的な承認関係とがたがいに支えあうことによって成りたっている。しかし皮肉なことに、この二つの異質な次元の支えあいこそが、ギリシア的共同体の没落の原因ともなる。いまギリシアのポリスで現に生きて行動している男性の立場に立ってみよう。彼はみずからの意識においては、民族共同体のために働いていると信じているが、彼の相互承認への努力を支えているのは無意識の次元、神々の掟の世界である。彼の意識的行為は彼には意識できない掟によって、つまり「運命」によって決定づけられているわけである。したがって、彼が運命に左右されたままであれば、彼はみずからの共同体に予期せぬ災いをもたらす恐れがある。彼は「罪」あるものになりかねない。こうした事態を適切に表現しているのが、ギリシア悲劇である。オイディプスは父を殺し、母を后とする。

そうなると、いまや相互承認どころか、すべての人間を超越した冷徹な運命としての普遍的なものと、みずからの罪を意識する孤独な個人としての人間が調停不可能なかたちで対立することになる。ここに歴史の主役がギリシア世界からローマ世界に移る必然性が隠されている。というのもローマ世界は、いっさいのうえに立つ皇帝の抽象的な意志と、財産の所有者（人格）としてのみ法的に認められた抽象的な個人が対峙する世界だからである。

ここでもふたたび「自己意識」における「主人と奴隷の弁証法」がくり返されている。自己意識は真の〈私〉を実現するためには、〈私〉という主語を放棄して、〈あなた〉を主語とする語りかたを学ばなければならなかった。自然発生的な〈われわれ〉もまた真の〈われわれ〉になるためには、主語としての自分を放棄しなければならない。だがこの放棄は、自己意識のばあいとは違って、二つの仕方で現われる。まず第一に〈われわれ〉が個々の〈私〉に分解する。第二に、〈私〉に対峙するものが〈あなた〉だったのにたいして、〈われわれ〉に対峙するのは絶対的な三人称としての〈それ〉である。したがって、真の〈われわれ〉の回復も二重の仕方でおこなわれる。まずその第一は、個々の〈私〉が自覚的に〈われわれ〉にまで再統一されることであり、第二は、絶対的な三人称としての〈それ〉が〈われわれ〉のところまで降りてきて、〈われわれ〉によって二人称の〈あなた〉で呼びかけられるようになることである。ヘーゲルは前者を「フランス革命」と「良心」の考察によって、後者を「宗教」の考察によって解明することになろう。

5 ヘーゲルとフランス革命

青年時代のヘーゲルは、古代ギリシアのポリスに熱いまなざしを送ると同時に、フランス革命を熱狂的に支持していた。革命勃発当時、テュービンゲン大学の同級生であったシェリングとヘルダーリンとともにこの歴史的事件を祝って「革命の樹」を植えたという話は有名である。さらにヘーゲルは、イエナに進軍してきたナポレオンを歓喜とともに迎えた。この事件をきっかけに急進的なナショナリストに転向してしまったフィヒテとは大違いである。また、フランス革命が国王ルイ一六世の処刑、ロベスピエールとジャコバン派の恐怖政治、ナポレオン帝政といった展開を見せるにつれて、はじめ革命を支持していたドイツの進歩的思想家たちの多くがそこから離れていったのとは対照的に、ヘーゲルは終生、この歴史的事件への共感を失うことがなかった。ヨアヒム・リッター（Joachim Ritter 一九〇三〜一九七四）は、「ヘーゲル哲学のように、ひたすら革命の哲学であり、フランス革命の問題を中心的な核としている哲学は、ほかには一つもない」（『ヘーゲルとフランス革命』出口純夫訳、理想社、一九六六年、一九ページ）とさえ主張している。ヘーゲルは『歴史哲学講義』でもこう語っている。

太陽が天空にあって惑星がそのまわりをまわるようになって以来、人間が頭で、つまり思想で立ち、思想にしたがって現実をきずきあげるといったことはなかった。ヌース（知性）が世界を支配する、と最初にいったのはアナクサゴラスだったが、いまはじめて人類は、思想が精神的現実を支配すべきだと認識するにいたったのです。ここには、まさしく、かがやかしい日の出がある。思考するすべての人びとがこの時代をともに祝福しています。……高貴な感動が時代を支配し、精神の熱狂が世界を照らしだします（『歴史哲学講義』〈下〉三五九ページ）。

「絶対的自由」という思想

では、フランス革命が「それにしたがって現実をきずきあげようとする思想」とはなにか。「絶対的自由」の思想である。

精神は絶対的自由として存在するにいたっている。……この精神にとって世界はみずからの意志そのものであり、この意志は普遍的意志である」（『精神現象学』四三二ページ〔三九九ページ〕）。

人間はもはや外から押しつけられたもの、既成の事実として与えられたものをいっさい認めない。これから存在を許されるのは人間がみずから意志するものだけである。しかも、自由とは人間の普遍的な本質である以上、この意志はいろんな個人のいろんな事情をかかえた意志ではなく、人類の全体に共通な意志である。いまやわれわれ人類は「自由」というただ一つの原理にしたがってまったく新しい社会の建設に着手したのである。ところで、ヘーゲルによれば、「世界史とは自由の意識が前進していく過程」（『歴史哲学講義』〈上〉四一ページ）なのだから、フランス革命をもって世界史は一つの完結点に達している。ヘーゲルにとってのこの歴史的事件の決定的な意義はその点にある。

とはいえ、彼はけっしてフランス革命を手放しで支持するわけではない。もしそうなら、『精神現象学』も『歴史哲学講義』もフランス革命の記述で終わっていたはずである。ヘーゲルによれば、フランス革命はけっして手放しで喜べない深刻な問題をはらんでいる。というのも、フランス革命は自由の政治的実現というみずからの課題をけっして実現できず、「自由の王国」を建設するどころか、死の恐怖が支配する無政府状態と専制的独裁を生みだしてしまうからである。ヘーゲルはこうした矛盾を、第六章「精神」のB．「疎外された精神——教養」の第三節「絶対的自由と恐怖」で論じている。それによれば、「絶対的自由」の思想からは次のような帰結が生じる。

絶対的自由というこの不可分な実体が世界の玉座に昇れば、どんな権力もそれに抵抗できなくなる。……こうした絶対の自由のもとでは、……すべての身分は根絶され、そうした身分の一員であり、その枠組みのなかでなにかを望み、行動していた個人の意識は、みずからの制限を捨ててさってしまう。個人の抱く目的は普遍的な目的となり、個人のことばは普遍的な法律となり、個人の仕事は普遍的な仕事になる（四三三ページ〔三九九～四〇〇ページ〕）。

絶対的自由と恐怖

「個人のことばが普遍的な法律となり、個人の仕事が普遍的な仕事になる」とすれば、〈私〉である〈われわれ〉、〈われわれ〉である〈私〉という完全な「相互承認」の関係が、ギリシアのポリスのように自然発生的にではなく、いまや自覚的に実現しているかのように見える。だがじっさいにはそうはいかない。なぜなら、自由を実現すべく仕事をするのは人間一般ではなく、個々の人間であり、そうである以上、彼が実現できることは特定の限られたことでしかないからである。さらに、絶対的自由が社会的に実現されるためには、その社会は一定の構造をもっていなければならない。たとえば、立法権、行政権、司法権という独立の制度がつくられなければならないし、特定の政党が結成されなければならない。しかし、このように絶対的な自由に現実的な秩序を与えることは、自由をいくつかの部分に分割し、それに制限を加えることにほかならない。つまり、絶対的自由を実現しようとするどのような具体的な行為も、絶対的自由の原理に反してしまうわけである。したがって、フランス革命の精神がなしうることは、革命に奉仕する個人とその仕事をつねに否定することだけである。

普遍的な自由はどんな積極的な仕事も行為も生みださず、残るのは否定的な行為だけである。普遍的な自由とは消滅することの狂乱でしかない（四三五〜四三六ページ〔四〇二ページ〕）。

普遍的な自由の唯一の作品と行為は死であり、しかも内的な広がりも充実もないような死である。というのも、否定されるのは絶対的に自由な自己という空疎な点でしかないからである。したがって、その死にしてももっとも冷ややかで深みのない死であって、キャベツの頭を切り落とすとか、水を一口飲むといったほどの意味しかもたないのである（四三六ページ〔四〇三ページ〕）。

この記述がギロチンと恐怖政治を暗示しているのはあきらかである。絶対的自由の理念を掲げるフランス革命という運動は自滅的な運動である。それはみずからの理想を実現しようとする主体とその成果をことごとく抹殺してしまう。

ところで、フランス革命のこうした記述はかなりショッキングであるだけにしばしば論じられてきたが、ヘーゲルの独創性はここにはない。フランス革命のこうした矛盾は、「フィヒテ」の章ですでに紹介したように、イギリスの思想家エドマンド・バークがすでに『フランス革命についての省察』(一七九〇年)において指摘していた。

ではヘーゲルのフランス革命論の独創性はどこにあるのか。それはフランス革命を直接論じた節ではなく、前節の「啓蒙」の論述にある。そして、その要点は「絶対的自由の恐怖」の冒頭の文章に要約されている。

意識は有用性のうちにみずからの概念を見いだした(四三一ページ〔三九八ページ〕)。

有用性の世界

ヘーゲルのいう「概念(Begriff)」とは、意識が確信していることと客観的・対象的に成立している事態とが一致していることを意味する。理性となった意識の確信とは、自分こそが世界の本質だということである。したがって、上述の文章の意味は、意識がみずからを外化し、そこにみずからの本質を見いだす世界は、いまや「有用性（Nützlichkeit）」という性格をもつということである。そして、フランス革命という政治的事件はじつのところこの有用性の世界を背景としてはじめて可能になるのである。

有用性の世界は啓蒙運動の結果として生じてくる。「啓蒙」とはなにか。ヘーゲルによれば、「純粋な洞察」を全世界と全人類に普及させようとする運動である。それでは、「純粋な洞察」とはなにか。世界のすべてのものは人間の理性によって完全にすみずみまで解明できるという確信であり、この確信を実現しようとする意志である。こうして、「啓蒙」は必然的に「信仰」や「迷信」を敵として戦うことになる。

したがって、啓蒙が浸透すればするほど、存在するものは人間の理性の光でくまなく照らされていき、世界からはどんな暗闇も神秘的な背後世界も消えさっていく。対象は自分を包み隠すことなく、人間にたいしてありありとみずからをさらけ出すようになる。ところで、われわれはこうした対象にすでに出会っていた。『精神現象学』冒頭の「感覚的確信とこのもの」においてである。じっさいヘーゲルはこう語る。

> 意識は感覚的確信と思いこみをみずからの最初の現実としていたが、その経験の全行程を経てここでふたたびそこに戻ってきたのである（四一四ページ〔三八一ページ〕）。

意識は出発点に戻ってきたのだから、意識の経験の旅は大きな円環を描いてここで閉じている。世界史がフランス革命において完結するように、意識の旅もここで一定の完結を迎えているのである。

とはいっても、意識はこれまでに長い経験を経ているのだから、もはや「直接的な自然的意識ではなく、みずからそうなったような意識」（四一四ページ〔三八一ページ〕）である。したがって、対象のありかたも以前とは同じではない。感覚的確信の「このもの」は自分自身を端的に示すもの、私から独立に存在するものとみなされ、それがじっさいにはみずからの本質をみずからの外にもつもの、「自己否定的な空しいもの」であることを知っているのは哲学的意識にすぎなかった。しかしいまでは、対象が人間にたいして透明になり、ありありと自分を示すのは、人間の意識がそれにすみずみまで浸透したからである。人間は自分の意識を完全に外化し、対象のうちに自分自身を発見する。したがって、いまや人間は自分が対象のために存在するのではなく、対象が自分のために存在することを知っている。いまやすべての対象は、それ自体で存在する自立的なものではなく、人間のために「役立つもの」という性格を帯びているのである。

ふたたび感覚が与える世界を眺めてみよう。目の前にこの机、この椅子があり、窓の外にこの樹木が見える。この世界の存在は無限に多様だが、そのすべてが「〜のために」という共通なありかたをしているのに気づかされる。たとえば、机は「勉強するために」、椅子は「腰掛けるために」、樹木は「木陰で休憩するために」ある。すべては「有用性」をもつ。そして、「役立つもの」は、自分の自立性を否定して、自分以外のものの「手段」となることによってはじめて存在価値を手に入れる。感覚的確信においては哲学的意識しか知ることができなかった真理を、日常的意識そのものが経験できるようになっているのである。

それでは、役立つものがそのためにある「他者」とはだれか。最終的には「人間」である。机で勉強するのも、椅子に腰掛けるのも、木陰で休憩するのも、「人間」にほかならない。世界のすべてはひたすら「人間」のためだけにある。したがって、「自己意識」と「欲望」のあの見果てぬ夢がここでついに実現され、いまや人間は世界の「主人」の地位に昇りつめているように見える。だが、皮肉な弁証法によってふたたび人間はその地位から転落してしまう。というのも、有用性の世界では人間そのものも「有用なもの」になってしまうからである。

人間にとってはすべてが有用なものだとすれば、人間もまた同様に有用なものであって、万人に有用で、万人に利用できるような集団の一員になることが人間の使命だということになる。彼は自分のことを配慮するのと同程度に、他人に配慮し、他人に配慮するのと同程度に、自分のことを配慮しなければならない（四一六ページ〔三八三ページ〕）。

有用性の世界では、物が「〜のために」という性格をもつとすれば、各個人は「〜として」という性格をもつ。たとえば私は職場では「教員として」というありかたをしているし、家庭では「夫として」ある。社会生活では、こうした役割をすべて脱ぎ捨てた裸の人間そのものに出会うことはまずありえない。しかし「〜として」というありかたは、人間が「他者のために」あることを示している。教員という役割は学生という存在がなければ意味がないし、夫は妻なしにはありえない。有用性の世界では、個人はまず自分でありうるためには、直接の自分を否定して他者に関係し、それに依存しなければならない。つまり、〈私〉は〈われわれ〉なしには成りたたないのである。

そうだとすれば、フランス革命の「絶対的自由」が目指しているのと同じような「相互承認の関係」がここで実現されている。自己意識が「生死を賭けた闘争」によってもつくりだせなかった関係が平和的に成立しているのである。しかし、これには暗い裏面がつきまとっている。というのも、人間そのものが「有用なもの」になるということは、人間がほかのものの「手段」の地位に、いわば「物」の地位に転落することだからである。人間が「主人」の地位に昇りつめることは同時に、物に振りまわされる「奴隷」の地位に転落することでもあって、ここでは同じ人間が同時に主人でもあれば奴隷でもある。そしてこうした事態はちょうど、フランス革命の思想が革命に参加する「個人」の仕事をつねに否定し、個人の死を「キャベツの頭を切り落とすこと」としてしか扱わないことによって、個人を物の地位にまで貶めてしまうのに似ている。

ヘーゲルによれば、啓蒙運動の最終的成果である「有用性の世界」と、フランス革命の「絶対的自由」の思想のあいだに、こうした対応関係があるのはけっして偶然ではない。後者は対象世界として成立している前者を意識的に取りもどす作業にほかならないからである。


意識は有用性のうちにみずからの概念を見いだした。しかし、それはまだある面では対象でしかないし、したがってまたある面では目的でしかなく、意識がまだそれを直接手にしてはいない。有用性はまだ対象の述語であって、主語そのものでもなければ、その直接的な唯一の現実でもない。……だが、有用なものにつきまとう対象的性格という形式を意識にとりもどすということはすでにそれ自体ではおこなわれているので、この内的な変革から現実の変革が生じ、絶対的自由という新しい意識の形態が生じてくるのである（四三一ページ〔三九八ページ〕）。

フランス革命という政治的事件を市民社会という背景のもとに考察するところに、ヘーゲルの独創性があるわけだが、しかしそれが意味するのは、フランス革命は市民社会の問題を革命という手段によっては解決できないということでもある。それではこの両者に共通な問題とはなにか。このいずれにおいても相互承認の関係が成立してはいるのだが、〈私〉がただちに〈われわれ〉に飲みこまれてしまって、個人としての自立性が成りたつ余地がないということである。〈私〉が窒息してしまうような〈われわれ〉は、ギリシア世界の「運命」のように絶対的な「三人称」に変質してしまう。したがって、「精神」の章の最終節「C．自己を確認する精神——道徳」では、いかにして〈私〉の主体性を確保するかが課題となる。

6　道徳——歴史を創造する主体

「道徳」という節に入るまえにまず解決しなければならない疑問がある。そもそもどうしてこの節は

「精神」の章に含まれているのだろうか。「精神」においてはギリシアからフランス革命までの「歴史」があつかわれているが、「歴史」が「ひとがなにをなしてきたか」を物語るのにたいして、「道徳」は「ひとがなにをなすべきか」を問題にするはずである。しかもヘーゲルの主張によれば、意識は「有用性の世界」と「フランス革命」によってみずからの出発点である「感覚的確信」に還っているのだから、意識の経験の旅は一巡し、人類の歴史は完結しているはずである。ヘーゲルは「宗教」と同じく、なぜ「道徳」も独立した章として立てなかったのだろうか。

あるいは、『精神現象学』のこの章立てをそのまま受け容れてみよう。そうなると、歴史の主役はフランス啓蒙思想からドイツ観念論に移り、歴史の舞台は政治革命という公共的な場面から道徳の内面的自由という私的な場面に後退するように見える。ヘーゲルはここではリヒャルト・クローナーと同じ考えかたをしているかのようである。クローナーはこう主張していた。ドイツ民族の使命とは、「いっさいの偉大な運動を人間精神の内面に引きこみ、その運動を心情の深みにおいて振動させるという使命である」(『ドイツ観念論の発展――カントからヘーゲルまでI』一二ページ)。「非政治的ドイツ」というあの神話にヘーゲル自身も与《くみ》しているのだろうか。

そうではない。ヘーゲルがこの節で問題にするのは、「歴史のうちに生きる〈私〉が個人としてなにをなしうるか」ということである。「これまでの」歴史がみずからの可能性を展開しつくし、終焉を迎えているというヘーゲルの主張が正しければ、われわれはもはや「これまで起こった歴史」ではなく、「いままさに生成しつつある歴史」、「歴史的現在」に身を置いている。そうなると当然、次に問題になるのは、「これからの」歴史を新たに創造していくことがどのようにして可能かということである。『精神現象学』の「道徳」の関心は、「歴史を創造する〈私〉」の可能性を問うことなのである。

フィヒテ哲学と実践的自由

ヘーゲルがドイツ観念論とりわけフィヒテ哲学の〈私〉の概念を引きあいに出すのも、そうした関心からである。フランス革命の哲学的基礎づけを標榜するフィヒテ哲学は、独自の「自由」概念を提案した。〈私〉とはみずからの本質を外化し、そこにみずからを認めるという仕方でのみあり、自由こそが〈私〉の存在の仕方である。だがそうだとすれば、〈私〉はみずからの本質である「自由」をも外化しなければならない。〈私〉は世界へ出向き、そこに自由を実現することを、つまり、「行為すること」を運命づけられている。フィヒテの「自由」は実践的自由であり、行為する自由なのである。したがって、ヘーゲルがフィヒテの〈私〉を批判するのは、それが内面の自由に後退するからではない。むしろフィヒテ哲学の前提にしたがうかぎり、〈私〉は「行為すること」を運命づけられていながら、「行為する義務」を真剣に受けとめることができないからである。なぜそうなのか。

フィヒテの〈私〉は〈私〉であるために自分を外化しなければならないのだから、〈私〉の外部なるものが〈私〉に対立するかたちで存在しなければならない。これが〈非我〉であり、もっと一般的にいえば「自然」である。ヘーゲルはこう語る。

したがって、意識の対象は独自の個性をもった自己完結した世界であり、……つまりは自然一般である（四四三ページ〔四〇九ページ〕）。

しかし他方で、〈私〉が〈私〉であるためには、自然の自立性を否定して、〈私〉を対象化しなければならない。つまり、私は「行為する」という義務を負うわけである。ところが私はこの義務をあまり真剣に受け取りすぎてはいけない。なぜなら、行為を完遂することによって自然の自立性を完全に無にしてしまえば、自分を対象化する場所をも無にしてしまうからである。自然は〈私〉と調和しなければならないが、同時に〈私〉に対立しつづけなければならない。

この矛盾を逃れるために、いわば苦し紛れに〈私〉と自然の調和が「要請」されることになる。この調和は時間のはるかかなたにおいて実現されるはずだと想定されるか、みずからを超えた神的存在において実現されていると想定される。たとえば、フィヒテのばあいには、この調和を実現することは「無限な課題」だとされる。

> 調和の完成は無限のかなたに押しやられなければならない。調和が完成すると、道徳意識は消滅してしまうだろうからである。……調和の完成は現実に達成されるものではなく、あくまで絶対の課題として、つまり、どこまでも課題でありつづけるような課題としてのみ考えられるべきである（四四七ページ〔四一二ページ〕）。

だがもしそうなら、われわれは行為する義務を真剣に考えてはいない。それは行為の遂行をどこまでも先延ばしにすることでしかないからである。さらに、たとえばカントは自然と道徳が一致する「最高善」なるものを想定する。ここでもふたたび「行為する義務」が真剣に受けとめられることはない。

最高善が本質だとされれば、意識が道徳性一般を真剣に受け取るいわれはなくなる。というのも、最高善においては自然は道徳性と違った法則をもたないからである。そうなれば、道徳的な行為そのものがいらなくなってしまう。行為は、それが乗り越えるべき否定的なものを前提してはじめて成りたつからである（四五六ページ〔四二〇ページ〕）。

そうだとすれば、カントが実践理性の優位を主張し、フィヒテがフランス革命の哲学を標榜してはいても、彼らはみずからの立場にたいする誠実さを欠いている。行為することこそがすべてだと語りながら、あまり真剣に行為してはならないと命じてもいるからである。こうした哲学は、西洋の歴史が一つの完結を迎え、まったく新しい歴史的未来へ向けて踏みださなければならない「現在」においては、とりわけ役に立たない。いま必要とされる人間は、無限な課題や超越的存在に逃避することなく、みずからの責任においてみずからの行為を「いま」選び取るような人間である。これに気づくときに、意識は「道徳」の最後の段階である「良心」に進んでいる。

歴史を創造する主体としての「良心」

「良心」という表題は「道徳」という表題以上に誤解を招きやすい。われわれはますます個人の魂の内面に連れもどされるかのようである。しかし、ヘーゲルにとっての「良心」はさしあたりそうした意味をもっていない。「良心」とは個人がみずからの行為にたいする特定の態度の取りかたである。

> 良心はみずからの真理が自己自身の直接的な確信にあることを自覚している。この直接の具体的な自己確信こそが本質的なものである。この自己確信を意識の対立という点から見れば、意識自身の固有な直接的な個別性こそが道徳的行為の内容であり、この行為の形式は、純粋な運動としてのこの自己そのもの、つまり、それとして知り、みずから納得するものとしての自己そのものである（四六八ページ〔四三二ページ〕）。

良心としての〈私〉は、もはやみずからの行為の根拠を自分以外のところに求めるのではなく、みずからがその行為を決断し選び取ったということのうちに、あるいは、その行為こそが正しいという自己確信のうちにのみ求める。良心としての〈私〉とは、「特定の歴史的状況のただなかに身を置きながら、自由な決断によってみずから行為し、みずから新たに歴史を創造するような実存的主体」なのである。このことをもっとも的確に理解したのは、ジャン・イポリット（Jean Hyppolite 一九〇七～一九六八）である。

自由な精神とは、創造的な精神のことであり、この創造的な精神とは、わざわざ抽象的な普遍に心をわずらわせ、それを現実性に対立させるようなことをしないような精神なのである。この精神は、みずから行為し、自分の働きの妥当性を自分自身において確信し、この確信のなかに本質をもつような精神である。ここで叙述されているのは、創造的な決断の瞬間のことである（『ヘーゲル精神現象学の生成と構造』〈下〉、市倉宏祐訳、岩波書店、二四九ページ）。

そして彼は、ヘーゲルがこうした主体を語るときに具体的なモデルとして思い浮かべていたのはナポレオンだったとさえ主張する（二四八ページ）。

「ことば」のみによる承認

ギリシア世界の人間のように伝統的共同体のうちに生きている人間は、共同体の法にしたがって生きなければならない。しかし、いまやまったく新しい歴史が生成する瞬間に居あわせる人間は、みずから「法」をつくりださなければならない。「いまや、法が自己のためにあるのであって、自己が法のためにあるのではない」（四六九ページ〔四三二ページ〕）。ヘーゲルは、みずからの確信にしたがって行為することがそのまま世界の法になるような人間をのちに「世界史的個人」と呼ぶことになる。この点を考慮すれば、ナポレオンがイメージされているというイポリットの指摘はあながち根拠がないわけではない。とはいえ、『精神現象学』のヘーゲルはこうした特権的個人をもちだしはしない。それでは、個人の自己確信がどのようにして公共的な法になるのだろうか。ひたすら「ことば」によってのみである。

たとえば、ここに蓄財に励む男がいるとしよう。彼の行為は他人には利己的な行為とも、臆病で卑しい行為とも映るかもしれない。しかし、当人がその行為を「自分や自分の家族に生活の不自由を感じさせず、隣人を助けることこそが自分の義務である」という自己確信にもとづいておこなったとしたらどうだろうか。そのときその行為は道徳的な行為となり、社会的に承認される行為となる。ある個人の行為の正しさを保証するのは、行為の具体的内容ではなく、それこそが正しいという本人の確信だけなのである。「いやそうではない、個別的行為ではなく、公共の福祉といった普遍的行為を想定してはどうか」と反論してもむだである。この反論が有効であるためには、「公共の福祉」のほうが「個人の幸福」などよりも優先されるべきであるということが証明されなければならないが、われわれはこれについても自己確信以外に、それを絶対的に証明できるどんな客観的根拠ももっていないのである。

ところが、自己確信そのものは眼に見えないし、その行為の結果もこの確信を眼に見えるものにしてはくれない。たとえば、蓄財という行為の結果である「所有物」そのものは、欲望と快楽の結果であるようにも見えてしまう。つまり、ある個人の行為を道徳的な行為にし、それを承認された行為にするのは、「私はその行為をみずからの信念にしたがって選び取った」という当人の言明だけなのである。ここでは「ことば」によって私の行為は現実化され、他者から承認される。

行為の内容は限定されたものであるから、それ自体ではどうでもよい。むしろ普遍的なものは行為の形式のうちにあり、この形式が現実化されなければならない。そしてそうした形式とは、ことばのうちで現実化され、みずからが正しいと語る自己であって、自己はまさしくことばにおいてすべての自己を承認し、すべての自己によって承認される（四八一〜四八二ページ〔四四三ページ〕）。

いまや「私」を主語とする「ことば」を介して相互承認の関係がつくりだされる。「ことば」はすでに成立している真理を語るだけではなく、むしろ「ことば」によって真理ははじめて真理として生起する（というのも、それによってはじめて自己確信＝自己意識は承認されたものとなるからである）。そして「ことば」がこの機能を果たすのはそれが「聞き取られる」ことによってである。

> ことばとは……他者にたいして存在するような自己意識である。ことばは自分自身から切り離された自己であり、純粋な自我＝自我として対象化され、この対象化のうちでこの自己としてのみずからを保持しながらも、他者と直接に合流し、他者の自己意識ともなるような自己である。自己はことばにおいてみずからを聞き取ると同時に、他者によって聞き取られる。そして、この聞き取るということ（Vernehmen）が、まさしく存在が自己になるということなのである（四七八〜四七九〔四四一ページ〕）。

「ことば」とは真理が生起する場所であり、真理はそれが他者によって聞き取られるところにあるというこうした言語観は、ヘーゲルがすでに「まえがき」で断言していたものであった。

他人との合意に達しようとするのが人間性本来のありかたであって、意識がたがいに共通の理解にいたるところにしか人間性は存在しない。感情のうちにとどまり、感情によってしか自分を伝えられないなどというのは、人間性に反する動物的な事態である（六五ページ〔四六ページ〕）。

ヘーゲルという哲学者が断言していた「ことば」を、長い経験の旅の果てに日常的意識そのものが学んでいるのであり、ここにいたってヘーゲルはみずからの言語観の正しさを証明しているわけである。

こうして人間は真の「ことば」を学ぶことによって、自己意識どうしがたがいに承認しあうような関係をついに実現する。相互承認が実現されている真の共同体は「ことば」の共同体なのである。ヘーゲルはこの新しい共同体を次のような美しいことばで表現している。

良心が語ることによって、自己確信が純粋な自己であり、したがって普遍的な自己であるとみなされることになる。ほかの人びとが行為を価値あるものとして認めるのもこの語りによってである。この語りによって自己は本質的なものとして表現され、承認されるからである。したがって、人びとのつながりの精神と実体は、人びとが自分たちの良心と善意をたがいに確認しあい、たがいの純粋さを喜びあい、知り語ることのすばらしさと、そうしたすぐれたものを養い育てることのすばらしさに勇気づけられるところにこそあるのである（四八一ページ〔四四三ページ〕）。

だが、このことばと善意にもとづく共同体が本当の意味で現実になり、その構成員によって自覚的に引き受けられるものになるためには、そこに内在する矛盾が展開されなければならない。この矛盾は「良心」そのものに内在する「行為する意識」と「美しい魂」の対立として現われる。

行為する意識と悪の意識

「行為する意識」とは、「ここ」と「いま」という実存的状況に身を置きながらなんらかの行為をみずから選び取ることを義務とみなしているような意識である。しかも、みずからの決断以外に彼の行為を正しいものとするどんな既成の権威も規範もない。したがって、この意識は「自分はこの行為をみずからの信念にもとづいて決断した」という言明だけによって、その行為が「普遍的なもの」として承認されることを要求する。

しかし、行為とは具体的世界にかかわるのだから、それによって実現されるのはつねに具体的で特殊なものでしかない。行為する意識は自分の「ことば」とは裏腹につねに自分を裏切ってしまう。ところで、承認されるべき普遍的なものを逸脱するような特殊なものは「悪」と呼ばれるのだから、行為する意識は必然的にみずからの悪を意識せざるをえない。「いま」「ここ」を実存的に生きることは、必然的に「良心のやましさ」に苛《さいな》まれることなのである。この必然性を前にして、それでもこの意識が自分の行為になんら矛盾はなく、みずからの行為が義務と良心から出たものだと言い張るなら、それは「偽善」というものであろう(四八五ページ〔四四七ページ〕)。カント倫理学のようにこの矛盾を「定言命法」によって解決することは無効であるばかりか、道徳的に「ふまじめ」なものを含んでいる。

「美しい魂」と「裁く意識」

とはいえ、「良心」は良心である以上、みずからが「悪」と「偽善」に染まることを容認するわけにはいかない。その結果登場するのが「美しい魂」である。「美しい魂」とは、行為することによってみずからが穢《けが》れることを恐れて、みずからの純粋な内面性のうちに一点の曇りもない良心と普遍性を確保しようとするような意識である。だが、「美しい魂」はけっして自分の「穢れなさ」を保つことができない。それどころか、行為する意識以上の「偽善」に陥ってしまう。

いま「美しい魂」が悪に染まった「行為する意識」を批判するとしよう。まず第一に、この魂は、行為する意識が普遍的なことを実現しているという「ことば」とは裏腹に、悪に染まっていることを告発するが、行為する意識を「裁くこの意識」がこうした「穢れのない立場に身を保つことができるのは、それが行為しないからでしかない」(四八七ページ〔四四九ページ〕)。美しい魂は行為によってではなく、心情の高潔さによってみずからの正当性を証明できると信じている。そうだとすれば、この魂は「ことば」だけだという理由で相手を告発しているのに、自分自身もまた「ことば」だけで相手を告発していることになる。しかも、「ことば」だけなのに、相手を裁くこの行為がじっさいに有効な現実的行為だとみなしている点では、行為する意識と同じように「偽善的」である。

そこでこんどは美しい魂は、「行為を行為者の内面に関係づけ、その行為をそれとは違う意図と利己的な動機から説明しようとする」(四八八ページ〔四四九ページ〕)。つまり、以前には行為をそれがもたらす「外面的結果」の特殊性によって告発したのに、こんどは行為を行為者の「内面」に連れもどして、そこに告発すべき材料を発見しようとするのである。たとえば、ある行為者の行為が名声を得たとすれば、それはその行為者の心に名声欲が巣食っていたからだというわけである。だが、相手の行為をあえて二分し、内面と外面の不一致を生みだし、そこに卑しい意図を穿鑿《せんさく》するというのは、「下賤な意識」のやることではないだろうか。ヘーゲルはこう語る。

近侍には英雄はいない〔とナポレオンは言った〕が、それは英雄が英雄ではないからではなく、近侍が近侍でしかないからである。近侍にとっては、英雄は英雄としてではなく、食べたり、飲んだり、着物を着たりする人として、一般に個別的な欲求や考えをもっている人としてふるまうのである(四八九ページ〔四五〇ページ〕)。

しかも、こんな告発の仕方をしておきながら、それを「悪のもう一つのありかたとはみなさずに、行為を正当に意識する仕方だとみなすのは偽善というものであろう」(同上)。こうして美しい魂は、行為する意識を裁こうとすれば、そのとたんに後者の悪と偽善の立場に身を落としてしまう。

一方においては行為の利己的な目的によって、他方においては行為の欠如によってという違いはありはするものの、いずれにおいても現実はことばから分離されている（〔四四九ページ〕）。

しかし、この分離から解放される希望があるのは、「行為する意識」のほうである。というのも、行為する意識はみずからが悪に染まっていることを意識しており、したがって、罪を告白することができるからである。しかもこの意識は、みずからを裁く意識がまさにこの裁くという行為によって自分の同類になってしまうことを知ることができる。そして、おたがいが悪に染まった身であることを知っていればこそ、たがいに罪を告白しあい、それによってふたたび「ことば」の共同体を再興することもできるのである。

> 裁く意識は、裁くことによって行為する意識と同じものになってしまうので、行為する意識も裁く意識を自分の同類と認識するようになる。行為する意識は、裁く意識が自分は別格で行為する意識などとは違うと思っていることは知っているが、相手がむしろそれ固有の性格からして自分と同類であることも知っている。そこで、行為する意識は、自分が相手の同類であることを見て取り、それを語ることによって、相手に自分のことを告白し、相手のほうでも自分のことばに応答してくれ、同類であることを語り、たがいに承認しあうようなありかたが出現することを期待する（四八九～四九〇ページ〔四五〇～四五一ページ〕）。

だが、この期待は報われない。「美しい魂」は「私は悪い」ということの告白に応答しないからである。むしろ「告白した意識は自分が突きかえされ、相手がみずからの内面をことばにすることを拒み、悪にみずからの魂の美しさを対置し、告白にたいしては、自分の性格の一貫性を言い張る頑なさと、自分に閉じこもり他人に心を開かない沈黙とを対置するのを目撃する」(四九〇ページ〔四五一ページ〕)。「美しい魂」のこうした態度こそは、「他者が行為からことばという精神的なありかたのうちへ、精神の平等のうちへ帰還することを妨げ、こうした頑なさによって、いまも残る精神の不平等を生みだすもの」(四九〇ページ〔四五二ページ〕)なのだから、「美しい魂」はこの点でもふたたび悪の立場に転落してしまう。

罪の告白と「ゆるし」

したがっていまやたいせつなことは、「美しい魂」が裁くというみずからの態度の非現実性を認めることである。「いま」「ここ」という実存的状況に身を置くかぎりは、どんな悪にも染まらずに他人の行為を裁きうるような「高潔な」立場などありうるはずがない。そうだとすれば、行為する者の罪の告白を受け容れ、「ゆるし」のことばでそれに応答することしか道は残されていない。

罪を告白する「ことば」に、罪のゆるしの「ことば」で応答しあうとき、真の相互承認の関係が、真の共同体が実現されている。というのも、ここではすべての人間がたがいの有限性を認めあいながら、みずからが許されているという自己確信を、つまりは、みずからの信念にしたがってみずからの現実に立ち向かうのは正しいのだという確信をもてるからである。ヘーゲルは「道徳」を次のようなくだりで締めくくっている。

和解を成立させる〈それでよい（Ja）〉ということばによって、二つの自我はたがいに対立したありかたを脱却するが、この〈それでよい〉は、自我が二つのものにまで拡張しながらも、自己同一性を保ち、完全にみずからを外化し、対立するものになりながらも、自己確信をもちつづけるようなありかたをすることでもある。この〈それでよい〉ということばこそは、みずからが純粋な知であることを知っているような二つの自我のあいだのただなかに現象する神なのである（四九四ページ〔四五四〜四五五ページ〕）。

7　宗教——神はみずから死にたもう

「道徳」を締めくくる最後のことばが〈それでよい〉という和解のことばだったとすれば、次の章「(CC)宗教」を締めくくるのも、罪の「ゆるし」と〈それでよい〉という和解のことばである。ヘーゲルは「イエスの死」ののちのキリスト教教団を論じるくだりでこう述べる。

われわれが〔キリスト教という〕宗教に足を踏み入れたときに、精霊という概念が登場したが、精霊とは、自己を確信する精神が悪をゆるし、そのさい同時にみずからの単一性と頑固な不動性を捨てさるような運動であり、絶対的に対立するものが同じものであることが認識され、そして、この認識がこの対立するもののあいだのあの〈それでよい（Ja）〉になるような運動なのである（五七二ページ〔五二九ページ〕）。

このことから予想されるのは、「宗教」の章は「道徳」を越える地点にわれわれを導くわけではないということである。到達点は同じであって、「宗教」はそれを別の視点から照らしだすだけなのである。しかも、「宗教」はこの地点にいたるための「ことば」と「他者」の重要性をあらためてあきらかにしてくれる。そこで、宗教が和解のことばを発するにいたるまでの過程を見てみよう。

だが、この章に入るまえに二つの疑問に答えなければならない。一つは、この章は宗教の「歴史」を対象とするのに、なぜ歴史を問題にする「（BB）精神」に属さないのかという疑問であり、もう一つは、ヘーゲルによれば宗教とは「精神自身がみずからを知る過程」であり、人間の意識がみずからを知る過程には属さないはずなのに、なぜ『精神現象学』に属するのかという疑問である（後者はジャン・イポリットが抱いた疑問でもあった。『ヘーゲル精神現象学の生成と構造』〈下〉、三一五ページ以下参照）。

ヘーゲルによれば、宗教的な要素は『精神現象学』のそれまでの各章においてすでに垣間見えていた。まず「悟性」における「超感覚的なもの」の意識がそうだが、これはまだ「精神が自己を精神として知るという境地からはほど遠い」（四九五ページ〔四五八ページ〕）ものであった。宗教的なものが本格的に登場するのは「(BB)精神」においてである。古代ギリシアにおける「運命という恐ろしい未知なる夜への信仰」(四九五ページ〔四五九ページ〕)がそうであり、啓蒙の「純粋な洞察」に対立する「信仰の王国」がそうであり、フランス革命における絶対的な「恐怖」がそうである。それらは、〈われわれ〉としての精神に対立するものだから、非人称の〈それ〉であり、〈われわれ〉の精神こそが歴史のうちに生き、歴史をつくりだすのだから、非人称の〈それ〉は非歴史的であり、歴史を超えたものである。「(CC)宗教」が「(BB)精神」に属さないゆえんである。

だが他方、非人称の〈それ〉は、じっさいには自然発生的な〈われわれ〉がみずからを自覚するために、みずからを外化したものである。したがって、〈われわれ〉が自覚され真の共同体となるためには、非人称の〈それ〉が〈われわれ〉へとふたたび連れもどされなければならない。つまり、精神が意識に現象してこなければならない。「(CC)宗教」が『精神現象学』に属さなければならないゆえんである。

「(CC)宗教」は次のような構成になっている。

A. 自然宗教
　a. 光の神
　b. 植物と動物
　c. 職人
B. 芸術宗教

a. 抽象的な芸術作品
b. 生きた芸術作品
c. 精神的な芸術作品

C. 啓示宗教

ヘーゲルによれば、宗教とは精神が自己を知っていく過程なので、意識が自己を知っていく過程、つまり、「意識」、「自己意識」、「理性」、「精神」という過程をふたたびたどりなおし、精神自身が精神という対象的形態を取るにいたったときに、この過程は完結する。

自然宗教と沈黙

「A. 自然宗教」においては、精神は「意識」と同じように、みずからを独立した自然的存在のかたちで対象化する。つまり、最初は「光の神」として、次にトーテム信仰のような「植物や動物」として、そしてエジプトの宗教のように「ピラミッド」や「スフィンクス」のような人間の造形物として対象化するのである。この段階では、「意識」がそうであったように、精神はまだ沈黙している。たしかにエジプトの「スフィンクス」は人間がつくったものだから、「この動物的形態には……人間の形態ともいうべき思考の形態が混じりこんではいるが、この作品には、そのうちに含まれる内的な意味を語るということが、つまり、ことばがまだ欠けている」（五一〇ページ〔四七三ページ〕）。

ことばが重要な機能を果たすようになるのは、ギリシアの「B. 芸術宗教」においてである。芸術宗教は「自己意識」に対応するが、自己意識においてはじめて意識は「私は」と語ることを学んだ。したがって、芸術宗教においても、非人称の〈それ〉がはじめて一人称で語られるようになるのだが、自己意識の相互承認が挫折するように、こうした人称化が完成するためには、啓示宗教を待たなければならない。

抽象的な芸術作品における祈りと讃歌

すでにエジプトの宗教が暗示していたように、精神がみずから外化したもののうちにみずからを認めることができるのは、人間がつくりだしたものだけである。したがって、この段階の精神は「芸術作品」というかたちを取るが、それに生命を吹きこむのは「ことば」である。というのは、「ことばとは、自己意識を直接含んだままに存在するものであり、……魂が魂を失わずに存在すること」(五一八ページ〔四八〇～四八一ページ〕)だからである。

じっさい、「a. 抽象的な芸術作品」では、自然物でも動物でもなく、人間に似た神像が製作されるが、この像そのものは依然として「物」にすぎない。神像はことばをその造形の要素として取りこむことで、魂を付与された芸術作品となる。神像に魂を吹きこむ人間のがわのことばは「祈り」であり、その内面を外に表出するのが「讃歌」である。

祈りのうちには、個人の自己意識が込められており、そして祈りが聞き取られることで、この個人の自己意識は同時に普遍的なものとして存在するようになる。万人の心に灯された祈りは、精神の流れとなってさまざまな人びとの心に入りこみ、万人が同じ行為をなし、一つの存在をなしていることを意識させる（五一九ページ〔四八一ページ〕）。

「祈り」と「讃歌」という人間のことばに対応する神のことばは「神託」である。「神託こそは神の最初の必然的なことばである」（同上）。神はここではじめて「ことば」を語り、自分がたんなる自然の存在ではなく精神的存在であることを示すのである。しかし、神託は神が一方的に語りかけることばでしかなく、人間はそれに聴従するほかはない。「宗教的自己意識にとって〔神託の〕ことばは、なにかよそよそしい自己意識が語りかけてくることばでしかない」（同上）ので、いまだ非人称の〈それ〉という性格を完全に脱していないのである。それは、ギリシア共同体の「ことば」が、人間のそれであれ、神々のそれであれ、「掟」というかたちを取らざるをえなかったのに似ている。

生きた芸術作品とことば

そこで「b. 生きた芸術作品」においては、神像の「よそよそしさ」を克服するために、「神が生きた身体をもつという要素が抽象的に示され、……彫像にかわって生身の人間が登場する」（五二八ページ〔四八九ページ〕）。しかし、美しい肉体そのもののうちに神的存在が直接見て取れるわけではない。それに神的な息吹を吹きこむのはふたたび「ことば」である。「内的なものが外的なものとなり、外的なものが内的なものとなるような完全な場所とは、またしてもことばなのである」（五二八〜五二九ページ〔四九〇ページ〕）。つまり、オリンピア競技において鍛えられた美しい体を讃えることで、間接的に神が讃えられる。しかも、ここでことばは、神託とは違って明瞭であり、特定の神だけにささげられる讃歌とは違って一般的な内容をもっている。ヘーゲルによれば、その理由はこうである。

明瞭な内容をもつというのは、芸術家が自然のままの最初の熱狂から覚めて、自己意識的な魂に貫かれ、それをともに生きるような自分自身の存在を形態化したからであり、一般的な内容をもつというのは、ある特定の民族精神と神の特定の性格しか表現しないような彫像が消滅してしまうからである（五二九ページ〔四九〇ページ〕）。

精神的な芸術作品

こうしていまやことばは、神と人間の関係を一般的なかたちで表現できるようになる。それを表現しようとするのが「c. 精神的な芸術作品」である。ヘーゲルは精神的な芸術作品として、「叙事詩」と「悲劇」と「喜劇」の三つをあげる。

「叙事詩」の特徴は、「ことば」を語る主体が現実の個人としての詩人だということである。「現実の個人は詩人だけであって、彼が叙事詩の世界の主体としてこの世界を創造し担う」（五三一ページ〔四九二ページ〕）。したがって彼は、以前の芸術作品とは違って、神々と人間の関係を意識的に描きだしはするが、そのことばは神々にも英雄にも関係なくその頭上を漂うものでしかない。「ことば」そのものが「必然的な運命」として、つまり非人称の〈それ〉として、両者を支配している。

それにたいして「悲劇」は、叙事詩よりも高度な「ことば」を語る。というのも、「ことばそのものが内容のうちに入りこみ、物語ることばであることをやめる」（五三四ページ〔四九五ページ〕）からである。「英雄そのものが語る者となり」（同上）、いまやはじめて「私は」という一人称が登場する。

悲劇の登場人物たちを演じるのは、英雄の人格を身に帯びた生身の人間〔俳優〕であり、彼らは英雄のことを物語るのではなく、英雄自身の現実のことばで表現する（五三四～五三五ページ〔四九五ページ〕）。

とはいえ「悲劇」もまた非人称の〈それ〉を完全に排除できたわけではない。それは「長老たちのコロス〔合唱隊〕」というかたちで現われる。コロスはかつて叙事詩人が舞台の外で語っていたことばを舞台の上で語るのだから、〈それ〉の超越性は和らげられてはいるが、英雄のことばとコロスのことばは対話することがないので、「観客の前に登場する英雄は仮面と俳優、劇中人物と生身の自分とに分裂してしまう」（五四一ページ〔五〇一ページ〕）。

「喜劇」の卓越性は、舞台上で分裂していた英雄の「ことば」とコロスの「ことば」がひとりの登場人物において統一されるところにある。したがって、この登場人物はいまや仮面を脱ぎ捨て、俳優としての本来の自己からも観客からも区別されることのない普通の人間となる。だが、この普通の人間は自分の語ることばが同時に神々のことばであり、以前には無意識的運命に見えたものの意味を開示しうるのは自分であることを知っている。彼は「自己こそが絶対的本質である」ことを知っているのである。そうした意味では、「喜劇」の意識は「幸福な意識」である。

この〔喜劇の〕自己意識が見て取るのは、自分に対立するというかたちで存在していたものがみずからのうちに、みずからの思考と生活と行為のうちに解消され、投げ入れられるということである。すべての普遍的なものが自己確信のうちに連れもどされるので、意識は自分によそよそしいかたちで存在していたものがじつはまったく恐れるに足らない空虚なものであることを確信し、この喜劇以外にはもはや見いだされそうにないような幸せと安らぎを感じるのである（五四四ページ〔五〇三～五〇四ページ〕）。

自己意識がみずから語る能力を身につけていく過程は、同時に、非人称の〈それ〉がしだいにみずからの超越性を脱ぎ捨て、ついには人間の自己意識にまで降りてくる過程である。したがって、ギリシアの芸術宗教において神と人間の「和解」がある意味では実現しているのだが、非人称の〈それ〉が人間の自己意識に降りてくる過程は、もっぱら自己意識のがわからのみ追跡されたにすぎない。この「片手落ち」が喜劇の「幸福な意識」をただちに「不幸な意識」に転落させることにもなる。というのも、「自己こそが絶対的本質である」ということを確信することは、自分以外のすべてのものがその価値を喪失することでもあるからである。アリストファネスの喜劇のように、「神々はもはや雲、消えていくもやでしかなくなる」（五四三ページ〔五〇三ページ〕）。「そこに現われるのは、神は死んだという過酷なことばで表現されるような苦痛でしかない」（五四七ページ〔五〇七ページ〕）。

したがって、真の「和解」が成立するためには、非人称の〈それ〉自身がみずから運動して、人間のところにまで降りてきて、みずから語ることができるようにならなければならない。これが可能であることをイメージのかたちで教えるのが「啓示宗教」である。

啓示宗教

ヘーゲルの「啓示宗教」解釈の特徴は、「キリスト教教団」の意義を強調するところにある。というのも、ヘーゲルによれば「精神」の本質は〈われわれ〉だからである。精神とは〈われわれ〉というかたちでみずからを外化し、そこでこそ自己を確信するような運動なのである。

一般に、キリスト教は「受肉の思想」によって宗教の完成形態としての資格を得る。というのも、「最高の存在である神が自己意識をもつ存在として見たり聞いたりできるということのうちにこそ、神の概念の完成がある」からである（五五四ページ〔五一三ページ〕）。いまや神の本性と人間の本性とは同じであり、したがって、非人称の〈それ〉と〈われわれ〉の統一が実現されているように見える。だが、この統一はまだ直接的なものでしかない。これが自覚されるためには、ふたたびそこに潜む矛盾が展開されなければならない。

その矛盾はなによりもまずイエス・キリストそのもののうちに潜んでいる。イエスはたしかに「神人」つまり神と人間の統一だが、一般の人びとはその統一をイエスという特権的個人においてのみ経験するばかりで、自分自身でそれを実感できるわけではない。神はまだただひとりの人間のもとでしか「私は」と語ることができないのである。

たしかに、神人イエスは生身の人間になったからには、やがて死ななければならない。そして、「いまここにいる」イエスが「かつてそこにいた」イエスでしかなくなれば、神と人間の和解の経験は、イエスを目の前に見ていた人びとだけの独占物ではなくなり、彼を信仰する人全員（つまり教団）の共有物となりうる。だが、それだけでは充分ではない。なぜなら、もしそれだけであれば、神は自己と人間の和解を真剣に考えてはいなかったことになるからである。イエスがただみずからの自然的な死を死ぬだけなら、その和解もただちに解消され、神のうちに回収されてしまう。ヘーゲルは「父なる神」と「子なるキリスト」の関係について次のように述べている。

永遠の存在〔父なる神〕とそれに向きあう存在〔子なるキリスト〕との関係は純粋な思考の直接的で単純な関係でしかなく、このように自分自身を他なるもののうちに単純に見てとるような関係においては、他なるものはそれとして設定されることがない。純粋な思考のうちにあるような区別とは、どんな区別でもないような区別である。それは愛にもとづく承認でしかないのであって、そこでは両極はその本質からすれば対立してはいないのである（五六一ページ〔五一九ページ〕）。

青年時代のヘーゲルが「愛による和解」の道を真剣に模索していたことは有名だが、『精神現象学』における彼の関心は、むしろ関係性のうちにいかにして「他なるもの」を確保するかにある。そしてじっさい、『聖書』においては、そうした「他なるもの」という契機がくり返し強調されているのである。まずそれを神のがわから表現しているのが、「天地創造」の物語である。

永遠であるだけの精神、あるいは抽象的な精神はみずから他なるものになり、存在へと踏みだし、直接的には目の前にある存在へと踏みだす。つまり、そうした精神は天地を創造する。天地創造とは、概念の絶対的な運動をイメージで表現することばなのである（五六一ページ〔五二〇ページ〕）。

これにたいして、人間のがわにある「他なるもの」を表現するのが、アダムと原罪の物語である。アダムは神の似姿としてこの世に造られたが、アダムが神と同じような精神であるためには、「永遠な存在である神が他なる存在のうちで自己同一であるような運動として現われたように、まず自分自身にとって他なるものにならなければならない」（五六二ページ〔五二〇ページ〕）。つまり、人間は「善と悪の認識の木の実を摘むことによって、自己同一性の形式を失い、無垢な意識の状態と、働かなくても食べ物を与えてくれる自然と、動物たちの庭であるパラダイスから追放され」（同上）なければならないのである。

こうして、神も人間もたがいに絶対的に自己を「外化」する。そうだとすれば、神と人間の関係はたんなる単純な同一性ではなく、「同一性と非同一性の同一性」でなければならない。そしてこうした奇妙な関係をイメージすることを可能にするのが教団の存在と「ゆるし」の思想である。

ではまず神と人間の「同一性」はどのようにイメージされるだろうか。「イエスの死」と「贖罪」

がそれである。

> 自立した存在ではなく、単一の神をその本質としている存在〔キリスト〕は、みずからを外化し、死へと赴き、それによって絶対的存在〔神〕と和解する（五六五ページ〔五二三ページ〕）。

しかし、これだけなら「他なるもの」が否定され、神という単一の存在に回収されるだけではないだろうか。しかし、「他なるもの」の否定はもう一つ別の意味をもっている。「他なるもの」は「感覚的現在」にまといつかれていたのだから、それが否定されることで「普遍的なもの」として定立される」（五六六ページ〔五二四ページ〕）。さらに、「他なるもの」は個別的な自己意識でしかなかったのだから、「自己意識的存在の直接的な現在が破棄されることによって、それは普遍的自己意識となる」。つまり、「教団」が設立されるのである。

> 精神は普遍的自己意識という第三の段階に置かれることになる。つまり、精神はみずからの教団となるのである（五六八ページ〔五二六ページ〕）。

つまり、キリスト教の神はキリストの死によって悪を裁くと同時に、教団の〈われわれ〉のうちではじめて自己を確信することができるのであり、したがって、人間とその悪としての存在をいわば「ゆるし」てもいるのである。〈われわれ〉こそが父と子を媒介する「精霊＝精神」であり、〈われわれ〉においてこそ神と人間の和解は実現する。ではヘーゲルが考える「和解」とはどういうものだろうか。それはイポリットが言うように、「神はみずから死にたもうた」ということである。

〈神〉はみずから死にたもうたということばが、あらゆる可能な意味において理解されなければならない。……死んだのは、「〈自己〉として定立されていない」神的本質という抽象概念なのである。教団は、自己の歴史を媒介とし、自分の特殊性を普遍性に高め、この普遍性……を具体的な生きた普遍性となすものにほかならないが、〈神〉は精神として、こうして教団の普遍的な自己意識となったのである。(『ヘーゲル精神現象学の生成と構造』〈下〉、三五二ページ以下参照)。

われわれは「良心」においてもはや「無限な課題」や「最高善」などの想定によって行為の決断を逃れるわけにはいかなかったように、超越的な裁く神にみずからの存在をゆだねるわけにはいかない。「神が死んだ」とは、神自身が非人称の〈それ〉であることをやめて、神みずからが〈われわれ〉と語るようになったのだから、これからは人間みずからが他者を信頼し、他者に語りかけ、他者のことばを聞き取らなければならない。ヘーゲルは神と人間の媒介である精神=精霊をふたたび「ことば」に譬《たと》えてこう語っていた。

ことばは、それが発せられたとたんに、そのことばを発した人を外化され空虚にされたものとして後に残しはするが、そのことばはただちに聞き取られもする。そして、聞き取られるということこそが、ことばが存在するということなのである（五五九ページ〔五一八ページ〕）。

「われわれ」の共同体、「ことば」の共同体がまったく新しい歴史を創造する主体とならなければならないのであって、だからこそヘーゲルは「宗教」の最後で「道徳」と同じことばをくり返すことになる。

われわれが〔キリスト教という〕宗教に足を踏み入れたときに、精霊という概念が登場したが、精霊とは、自己を確信する精神が悪をゆるし、そのさい同時にみずからの単一性と頑固な不動性を捨てさるような運動であり、絶対的に対立するものが同じものであることが認識され、そして、この認識がこの対立するもののあいだのあの〈それでよい（Ja）〉になるような運動なのである（五七二ページ〔五二九ページ〕）。

このように、「宗教」が語る最後のことばは「道徳」のそれとほとんど違わないのだが、ただ一つ違うのは、「宗教」が〈それでよい〉ということばを遠い将来に先延ばしにしてしまうことである。

自分とは違う自己〔キリスト〕が実現した和解が遠い過去のことのように思われるように、自分自身の〔神との〕和解も遠い未来のことのように意識されてしまう（五七四ページ〔五三〇ページ〕）。

そうだとすれば、最終章の「絶対知」の本質は、〈それでよい〉ということばを「いま」「ここで」語るということのうちにこそありそうである。

8　絶対知――「いま」「ここで」〈それでよい〉と語ること

『精神現象学』の最終章「(DD)絶対知」はほんの一五ページほどしかなく、きわめて圧縮された文章が連ねられているだけなので、ヘーゲルがこの最終章で読者をどのような新たな境地へ導こうとしているのかがさまざまに議論されてきた。しかし結論からいえば、この章はけっして新しいことを語りはしない。ヘーゲルは内容的には、「道徳」においてすでに最後のことばを語ってしまっている。その証拠にヘーゲルは、「絶対知」の立場に立って、「感覚的確信」「知覚」「悟性」から出発して、「自己意識」「理性」をへて、「純粋な洞察」と「啓蒙主義」「道徳的意識の世界観」までを振りかえり、「良心」において精神がその最終段階にたどりついていると明言する。というのも、「良心」においてはじめて精神の統一と「和解」が完全に実現されるからである。

さまざまな局面を経て、精神とそれ自身の意識との和解が実現される。これら局面そのものはそれぞればらばらのものであり、それらの精神的統一だけがそうした和解の力をもっている。しかし、〔良心という〕こうした統一そのものは必然的に最終局面にしか現われず、……じっさいそれはこれまでのすべての局面をたがいに結合するかたちでみずからのうちに含んでいる（五七八ページ〔五三七ページ〕）。

「良心」が『精神現象学』の最終局面であることは、精神が自己を認識する場所である「宗教」の最終局面である「啓示宗教」のうちに、良心の「ゆるし」の弁証法と同じ運動が現われることによっても間接的に示されていた。

ヘーゲルと国家

それでは、ヘーゲルは〈それでよい〉ということばに集約されるような最終的な「和解」をどのようなものと考えているのだろうか。「良心」において実現されている「ことば」の機能をふたたび振りかえってみよう。

すでに述べたように、「良心」が考察の対象としているのは、「歴史を創造する主体」である。この主体は「これまでの」歴史が終焉を迎えているのだから、「これからの」歴史をいわばゼロから創造していかなければならない。したがって、彼は既成のどんな権威や規範によってもみずからの行為を正当化することができない。彼の行為が正当化され、他者によって承認されるのは、「みずからの信念にしたがって決断した」という言明だけである。いまや「生死を賭けた闘争」によってではなく、「ことば」によって相互承認の関係が打ち立てられるのである。

だが他方、彼はどんな既成の規範も認めないのだから、必然的にみずからの「悪」を意識せざるをえず、みずからの罪を告白せざるをえない。だが、罪を告白するということは、みずからの実存的状況を自覚し、決断によって選び取った行為の責任をみずから負うことを他者に宣言することである。このとき彼の罪は「ゆるされている」。というのも、みずからの実存的状況を自覚するということは、もはやこの状況を超越したところから行為を「裁ける」ような「高潔な立場」などないことを自覚することだからである。これは「宗教」の考察がたどりついた結論でもあった。そこでわれわれに許される唯一のことは、たがいに〈それでよい〉と語りかけあうことである。

こうして、ここに「ことば」による真の共同体が生まれることになる。それは、それぞれの実存的状況をみずからの責任において引き受け、みずからの決断において行為する主体どうしが、そうした単独の個人のままでたがいを信頼しあい、新しい歴史を創造していくような共同体であり、そしてそれが、ヘーゲルが『精神現象学』において最終的にたどりついている立場なのである。したがって、アレクサンドル・コジェーヴのように、「ナポレオンとその普遍国家」に歴史の到達点を見るような解釈は誤りだし、内面的道徳性から法と国家へという『法哲学』の図式をここにもちこむわけにもいかない。ましてや『精神現象学』には、プロイセン国家の賛美者などはまったくいない。むしろ『精神現象学』におけるヘーゲルの立場は、依然として「ドイツ観念論最古の体系プログラム」(一七九七年)のそれに近い。彼はこう語っていた(この論文の著者がヘーゲルだとは断定できないが、彼がこの論文の成立に深く関与したのは間違いなさそうなので、ここではヘーゲルの考えを反映するものとして引用する）。

まずはじめにはっきりと示しておきたいのは、国家のどのような理念も存在しないということが人間性の理念なのだということである。なぜなら、国家とは機械的なものであり、機械の理念が存在しないのと同様だからである。ただ自由の対象であるもののみが理念と呼ばれる。したがってまた、私たちは国家を超えていかなければならない（寄川条路編訳『初期ヘーゲル哲学の軌跡』、ナカニシヤ出版、二〇〇九年、四〜五ページ）。

「絶対知」とはどんな知か

それでは「絶対知」とはどのような「知」なのだろうか。

それはみずからが大きな円を描いて一つの完結を迎えていることを自覚しているような「知」である。「意識」は自分に対峙する「対象」の本質を知ろうと努力してきたが、その本質がじつは自分自身であることを、自分が「自己意識」にほかならないことを知るにいたった。たしかに「意識と自己意識のこうした和解は宗教的精神〔精霊〕と意識そのもの〔良心〕という二つの側面で実現されているのだが、前者においては即自的なかたちで、後者においては対自的なかたちで実現されたにすぎなかった」（五七九ページ〔五三八ページ〕）。というのも、良心はその和解を行為することによってのみ、宗教は神という対象としてのみ、実現していたにすぎないからである。「絶対知」とはこの両者において実現されたことを自覚的に引き受けるような「知」なのである。

いまや「絶対知」は、これまでのすべての意識の歴史がみずからに到達するための過程でしかなく、「時間が直観された外的な自己、自己によってとらえられることのない純粋な自己」（五八四ページ〔五四三ページ〕）でしかないことを知っているのだから、「いま」「ここ」から振りかえって、「偶然というかたちをとって現われる自由な精神の歴史」を「それを概念的に体系化する現象する知の学的体系」（五九一ページ〔五四八～五四九ページ〕）に変えることができる。「精神現象学」は「学的体系」となりうるのである。

そうした意味では、「絶対知」はすべての知のなかでもっとも豊かな知である。というのも、この知はこれまでのすべての知をみずからのうちに含んでいるような知だからである。だが、「絶対知」は同時に、すべての知のなかでもっとも貧しい知でもある。というのも、「絶対知」がすべての知を振りかえることができるということは、絶対知にとって人間の歴史はもはや「さまざまな絵が飾られた画廊」のようなものでしかなくなることでもあるからである。

> 精神が完成するということは、みずからがなんであるかを、つまりはみずからの実体を完全に知るということなのだから、この知るということは精神がみずからの内に向かうということであり、そこでは精神はみずからの現実の存在を捨てさり、みずからの形態を記憶にゆだねるのである（五九〇ページ〔五四八ページ〕）。

したがって、「絶対知」の境地に立つとき、「精神にとってそれはこれまでのすべてのものが失われ、精神はこれまでの精神の経験からなにも学ぶことがなかったかのようである」(同上)。われわれは、かつて「感覚的確信」における意識がそうであったように、未知の世界にふたたび裸の状態で投げだされる。だから、歴史が学的体系になることは、いわば「絶対精神のゴルゴタの丘」に立つことなのである。

しかし、この「ゴルゴタの丘」はけっしてたんなる喪失でも終わりでもなく、やがてそこからキリストが復活するように、それは「絶対精神が玉座についたということの現実であり、真理であり、確信である」。というのも、ひとがこのようにこれまでの歴史と既成の存在をないかのようにみなして、ふたたび未知の世界にみずからの責任において立ち向かおうと決意するとき、そこにはすでに「新しい存在と新しい世界と新しい精神の形態」がきざしているからである。

精神はこの新しい世界において、もう一度はじめから自由に前進を開始し、そこからふたたびみずからを育てあげていくのである(同上)。

したがって、「絶対知」とはなによりもみずからの「無知」を自覚することによって、新しい「始まり」を開始するような知なのであり、精神のこれまでのすべての遺産をひとたび括弧に入れて、いまここで〈それでよい〉と語るような知なのである。

私はヘーゲルの『精神現象学』冒頭のくだりをここにふたたび掲げて、本書を閉じることにしよう。ヘーゲル自身にとってもこれが最後のことばだからである。

われわれの時代が誕生の時代であり、新しい時期への移行の時代であることを知るのは、むずかしいことではない。精神はみずからがこれまで生き考えてきた世界に決別し、それを過去のうちに葬りさり、変革の作業に取りかかっている。……既存のもののうちにそれを軽んじる気持ちや倦怠感が蔓延し、未知のものへの漠然とした予感が広がっているが、これはなにか新しいものが近づきつつある前兆である。全体の外観を変えることのないこうした緩慢な破壊作用が、突如として日の出によって断ち切られ、新しい世界像が稲妻のように打ち立てられるのである（一八ページ〔七ページ〕）。

『ドイツ観念論』と現代

ヘーゲルの、そしてドイツ観念論のこうした最後のことばを読めば、われわれは自分たちの時代と彼らの時代の隔たりを強く印象づけられる。われわれに言わせれば、「われわれの時代が誕生の時代であることを知るのは、むずかしいことではない」どころではない。ドイツ観念論の時代が「啓蒙」という積極的なことばをもっていたのにたいして、われわれは自分たちが生きている時代を特徴づけるのにいまだ「ポスト・モダン」ということばしかもっていない。「ポスト・モダン」とは「近代以後」という意味であり、現代の積極的な動向を表現することばではない。むしろそれは、ヨーロッパがほぼ三〇〇年かけて築きあげてきた近代《モダン》の価値観や世界観が根底から動揺し、その無効性が意識されているのに、それにかわる新しい価値観はまだ登場するにいたっていないという事態を言い表わす消極的なことばでしかない。いまのところこれにかわる有効なことばがないということは、われわれの社会や文化や学問が大きな動揺に見舞われており、それが向かう先がいまだはっきりしないということである。「既存のうちにそれを軽んじる気持ちや倦怠感が蔓延している」のである。

こうした状況にいるわれわれからすれば、ドイツ観念論はあまりにも楽観的であり、傲慢にさえ見える。彼らは自分たちが歴史の完成点にいると信じており、ここから振りかえれば、「偶然というかたちをとって現われる自由な精神の歴史」を「それを概念的に体系化する現象する知の学的体系」に変えることができると信じているからである。しかし、すでに述べたように、歴史が学的体系になることは「絶対精神のゴルゴタの丘」に立つことである。これまでわれわれが生みだしてきたすべてのものに無効が宣言され、未知の世界に裸の状態で投げだされることである。ドイツ観念論は人間を擬似的な「神の座」に据えるどころか、そうした神の死を宣言して、人間に「いま」「ここで」〈それでよい〉という勇気を、つまり、「この新しい世界において、もう一度はじめから自由に前進を開始し、そこからふたたびみずからを育てあげていく」勇気を与えようとするのである。

『ドイツ観念論』の現代的意義はこの点にある。「ポスト・モダン」を生きるわれわれもまた、すべてを失う不安から既存のものにひそかにもたれかかって、それを新たな権威に祭りあげたり、すべてのものにひたすら懐疑の眼を向けて絶望したりするのではなく、むしろ歴史の「これまで」に明確な境界線を引き、歴史の「これから」におのれの身一つで踏みだす勇気を必要としているのであって、『ドイツ観念論』はその後押しをしてくれる。そして、「いま」「ここで」〈それでよい〉と語る勇気をもったときにはじめて、われわれは「全体の外観を変えることのないこうした緩慢な破壊作用が、突如として日の出によって断ち切られ、新しい世界像が稲妻のように打ち立てられる」のを、希望とともに待つことができるのである。

あとがき

だれであれ人生は一度きり。そうであってみれば、時間の悠久の流れのなかのなんの変哲もない平凡な時代よりもむしろ、希望に満ちた「誕生の時代」に生まれあわせたいと思うのは、無理からぬところである。いまからその時代を生きていこうとする若い世代にとっては、とりわけそうであるにちがいない。著者もまた若いころそれに似た経験をしたことがある。一九六〇年代から学生運動と革命運動がまたたくまに世界中を席捲《せっけん》していくにつれて、自分たち若い力こそがまったく新しい「われわれの共同体」をいまこそ築きあげることができるという希望が生まれた。そして、既成のすべての権威も価値もその影響力を失ってしまったのだから、この共同体を生みだせるのは、真剣な批判的「思考」と肺腑《はいふ》をえぐるような真摯な「ことば」だけだとも信じていた。

本書は、カントからヘーゲルまでの「ドイツ観念論」を一貫して「終末論的陶酔」の哲学として解釈してきた。彼らに共通して見られる「思考」と「ことば」の力にたいするあの燃えるような信頼はそうした「陶酔」を前提しなければ理解できないように思えたからである。

「ドイツ観念論」の使命は、歴史の「これまで」と「これから」のあいだに明確な境界線を引いて、いままさに生まれでようとする「新しい存在と新しい世界と新しい精神の形態」を過去の重圧から解放してやることであった。ドイツ観念論の最終的到達点であるヘーゲルの「絶対知」とは、精神のこれまでのすべての遺産をひとたび括弧に入れて、いまここで〈それでよい〉と語るような知なのである。

だがドイツ観念論がこの使命を真に果たしたあかつきには、ヘーゲル以後の思想家たちは、「これまでのすべてのものが失われ、これまでの精神の経験からなにも学ぶことがなかったように」(『精神現象学』五九〇ページ〔五四八ページ〕) みなして、あらためて「いま」「ここ」からいわば裸の状態で出発しなければならなくなる。じっさいこの点では、ヘーゲルのもっとも強力な批判者だったキルケゴールもマルクスも、ドイツ観念論の精神、とくに『精神現象学』のヘーゲルの精神にきわめて忠実だった。というのも、立場こそ違うが、両者いずれも文字どおり「いま」「ここ」からその思索を始めるからである。

キルケゴールが「社会的動物」とか「理性的動物」とか「神に似せて造られた被造物」といった人間の伝統的規定をすべて脇に置いて、「いま」「ここで」おのれの身を処していかなければならない「実存」に着目したとすれば、マルクスは資本主義的生産関係という「いま」「ここで」の歴史的条件下で労働する人間を考察の出発点に据えた。ミシェル・フーコーが語るように、ドイツ観念論以後の哲学はみずからの言説が展開される「ここ」と「いま」を意識することなしには成りたたなくなったのであり、哲学の思索はいわば真空状態のなかでなされるのではなく、「ここ」と「いま」という現在性の制約を受けるようになったのである(『カントについての講義』参照)。

一見ドイツ観念論に敵対的に見える思想家たちがその精神に忠実だったのにたいして、そうではありえなかったのは、皮肉なことにドイツ観念論の思想家たち自身であった。ドイツ観念論の思想家たちは、歴史が一定の「完結」に達しているのだから、ヨーロッパが長い年月をかけて彫琢《ちょうたく》してきた概念装置はこれから始まる「未来」には無効であることを宣言した。「過去」のどんな概念装置も「未来」の診断にもちこむわけにはいかない。とはいえ、ドイツ観念論の思想家たちは自分たちの「体系」よりも「長生きした」。歴史が完結したからといって、時間の流れが停止するわけではないし、その体系が完成したとたんにドイツ観念論の思想家たちがこの世からいなくなるわけでもない。そうだとすれば、彼らもまた自分たちの「これから」をなんらかのかたちで語りたくなるし、思想家の義務として語らざるをえなくなるだろう。

では、いったい彼らはそれをどのようにして語っただろうか。フィヒテは知識学で自由の哲学を完成したあとに、『封鎖商業国家』(一八〇〇年)において将来のドイツ国家の「あるべき姿」を素描した。それによれば、国際市場は変動を免れず国内市場を不安定にするのだから、国境を封鎖し、国家の管理のもとに自給自足の経済体制を樹立すべきだという。また周知のようにヘーゲルは、『法哲学』(一八二一年)において新生のプロイセン国家にヨーロッパの「未来」を託した。二人の国家論そのものの正否はともかくとしても、それが彼らの体系そのものから帰結するものではないことだけはたしかである。彼らはみずからの立場からすれば語りえないことを語ってしまっているのである。この矛盾にただひとり気づいたのは、同一哲学を完成して以後のシェリングであった。そこで、彼は『人間的自由の本質』以降「未来」を語りうるような概念装置の開発に努力を集中したが、結果的には一冊のまとまった本も完成できず、沈黙を強いられてしまった。

しかし、ドイツ観念論の運動が啓蒙主義から生まれてきたものである以上は、歴史的「未来」を説明できる概念装置をもっているのではないか。それもまた啓蒙主義特有の歴史観である「進歩史観」を共有しているはずではないだろうか。たしかにそうにちがいないが、ドイツ観念論の「進歩史観」と、一九世紀から二〇世紀にかけて支配的になる進歩史観とは決定的な違いがある。前者においては、それまで連続的に進歩してきた人間理性は「ここで」「いま」その完結点に達するのだが、後者においてはそれが無限の未来に押しやられる。後者の進歩史観とは、歴史の終局にいわば「理想的な究極目標」を設定しておいて、現在のすべての歴史現象はこの目標に向かって不可逆的・連続的に近づいていると考えるような歴史観である。

この歴史観においては、歴史の未来にただひとつの光源が設定され、その光に照らしだされうる現象だけが有意味な歴史現象と認められ、その視界からうまく取りこまれない現象は無意味なものとして無視されてしまう。したがって、歴史のどの瞬間もひとたびこの歴史観のうちに取りこまれてしまえば、あらかじめすでにその存在を保証されることになる。この歴史観においては「過去」が「未来」を侵食している。フランツ・ローゼンツヴァイクはその主著において次のような批判を展開する。

進歩思想は無限という概念によって、みずからの正体をさらけ出してしまう。たとえ永遠の進歩が語られていても、じっさいに考えられているのは、つねに「無限の」進歩、つまり、つねに先へ先へと進みつづけ、そこではあらゆる瞬間がこれから自分の順番が回ってくるという保証された確実性をもち、したがって、ある過去の瞬間が〈すでに事実存在したこと〉が確実であるのと同様に、それが〈事実存在するだろうこと〉も確実でありうるような進歩であるにすぎない（『救済の星』村岡晋一・細見和之・小須田健訳、みすず書房、二〇〇九年、三四八ページ）。

しかし、「過去」の「未来」への侵食はこれだけではすまない。それは歴史の終局に設定された「理想的な究極目標」そのものにまでおよぶ。この歴史の終局がそれにいたるまでの歴史現象を照らしだす「光源」であるためには、それに具体的な内容が与えられなければならない。それでは、どのような内容を与えたらよいのだろうか。なんのことはない。それは「たまたまいますでにその価値が認められているもの」でしかない。わずか数十年前の高度成長期の日本を考えてみるとよい。われわれは、すべて産業が発展し物質的に豊かになることは無条件によいことであり、歴史はそれに向かってまっしぐらに進んでいると考えていた。つまり進歩史観は、すでにその価値が認められているものを、つまり「過去」を「未来」へこっそり置きうつすのである。しかし、「過去」が未来に設定されるなら、それによって照らしだされる歴史現象だけしか存在を許されないのだから、どんな「未来」も「進歩」も存在する余地がなくなる。いまたまたま承認されているものだけが永遠化され、「歴史」は窒息してしまう。

それにたいして、ドイツ観念論の思想家たちが歴史の完結点を無限の未来にではなく、「いま」「ここに」設定するのは、自分たちと自分たちが生きる時代を特権化し永遠化するためではない。すでに述べたように、それは歴史の「これまで」を知ることによって、歴史の「これから」を解放するためである。人生はだれにとっても一度きりであり、そうであればみずからが歴史の決定的な地点に生まれ合わせていると考えたくなるのはもっともだが、しかしそうした立場に身を置くことは、「絶対精神のゴルゴタの丘」に立つ勇気を、つまり、ふたたび未知の世界にみずからの責任において立ち向かう勇気をもつことである。ドイツ観念論はこうした勇気と決意を支援しようとするのであり、そこにこそこの思想運動の現代的意義はあるように思える。

二〇〇八年に発表した拙著『対話の哲学――ドイツ・ユダヤ思想の隠れた系譜』（講談社選書メチエ）で、私はドイツ観念論とりわけヘーゲルをドイツ・ユダヤ思想家たちの敵役として登場させた。そのさいその思想をかなり単純化し、ドイツ・ユダヤ思想家たちのスケープゴートにしたという「うしろめたい」気持ちを抱いていた。

しかしなんといっても、ヘーゲルは私を哲学の道に導いてくれた思想家だった。学生時代に『精神現象学』を読んで感動し、卒業論文に取りあげたのがきっかけで、大学院に進学するとただちにヘーゲル読書会をつくり、それ以後一五年以上にわたってその著作を研究することになった。とくに『精神現象学』はこれまですくなくとも原書で四、五回は通読していると思う。ヘーゲルを理解するために、さらにさかのぼってカント、フィヒテ、シェリングも研究した。私はドイツ観念論によって哲学的訓練をつけさせてもらったようなものである。

講談社学芸局選書出版部の山崎比呂志さんに、前著につづいてこんどは敵役のドイツ観念論について本を書いてみないかという提案をしていただいた。そのおかげでこれまでの「うしろめたい」気持ちをいくらかなりと晴らすことができたように思う。この場をお借りして、山崎さんに心から感謝を申しあげたい。

引用文献

序章

ヴァルター・イェシュケ『ドイツ観念論の系譜学——方法論的観点における構成史的注解』

Walter Jaeschke, *Zur Genealogie des Deutschen Idealismus, Konstitutionsgeschichtliche Bemerkungen in methodologischer Absicht.* In *Materialismus und Spiritualismus. Philosophie und Wissenschaften nach 1848*, hg. v. Andreas Arndt, Walter Jaeschke, Hamburg 2000.

マティアス・ノイマン『歴史家の鏡のなかのドイツ観念論』

Matthias Neumann, *Der Deutsche Idealismus im Spiegel seiner Historiker.* Königshausen & Neumann, Würzburg 2008.

ヴィルヘルム・ヴィンデルバント『近代哲学史』（第二巻）

Wilhelm Windelband, *Die Geschichte der neueren Philosophie in ihrem Zusammenhange mit der allgemeinen Kultur und den besonderen Wissenschaften dargestellt.* Bd. 2, Von Kant bis Hegel und Herbart. Die Blütezeit der deutschen Philosophie. Leipzig 1880.

リヒャルト・クローナー『ドイツ観念論の発展——カントからヘーゲルまで』（第一巻）上妻精監訳、福田俊章・松崎俊之・宮島光志訳、理想社、一九九八年

フレデリック・バイザー『啓蒙・革命・ロマン主義——近代ドイツ政治思想の起源　一七九〇～一八〇〇年』杉田孝夫訳、法政大学出版局、二〇一〇年

第一章

カント『諸学部の争い』竹山重光・角忍訳、『カント全集』（第一八巻）、岩波書店、二〇〇二年

ミシェル・フーコー『カントについての講義』小林康夫訳、『ミシェル・フーコー思考集成』（第一〇巻）、筑摩書房、二〇〇二年

バウムガルテン『形而上学』
Alexander Gottlieb Baumgarten, *Metaphysica*, G. Olms, 1982.

カント『純粋理性批判』(一〜七)中山元訳、古典新訳文庫、光文社、二〇一〇〜一一年

カント『啓蒙とは何か』中山元訳、『永遠平和のために／啓蒙とは何か』古典新訳文庫、光文社、二〇〇六年

フィヒテ『知識学あるいはいわゆる哲学の概念について』隈元忠敬訳、『フィヒテ全集』(第四巻)、哲書房、一九九七年

フィヒテ『哲学における精神と文字の区別について』
Fichte, *Über den Unterschied des Geistes und des Buchstabens in der Philosophie. Von den Pflichten der Gelehrten*. Philosophische Bibliothek, Bd. 274, Felix Meiner Verlag, Hamburg, 1971.

フィヒテ『新しい方法による知識学』
Fichte, *Wissenschaftslehre nova methodo*. Philosophische Bibliothek, Bd. 336, Felix Meiner Verlag, Hamburg 1982.

フィヒテ『全知識学の基礎』隈元忠敬訳、『フィヒテ全集』(第四巻)——哲書房、一九九七年

カント『世界市民という視点からみた普遍史の理念』中山元訳、『永遠平和のために／啓蒙とは何か』古典新訳文庫、光文社、二〇〇六年

ラインホルト『人間の表象能力の新理論の試み』
Karl Leonhard Reinhold, *Versuch einer neuen Theorie des menschlichen Vorstellungsvermögens*. Philosophische Bibliothek, Bd. 599a-599b, Felix Meiner Verlag, Hamburg 2010-2012.

ラインホルト『哲学者たちの従来の誤解を訂正するための寄与』(第1巻)
Karl Leonhard Reinhold, *Beiträge zur Berichtigung bisheriger Mißverständnisse der Philosophen*, Bd. 1.

Philosophische Bibliothek, Bd. 554a, Felix Meiner Verlag, Hamburg 2003.

フレデリック・バイザー『理性の運命――カントからフィヒテまでのドイツ哲学』

Frederick C. Beiser, *The fate of reason, German philosophy from Kant to Fichte*. Harvard University Press, Cambridge, Massachusetts, London, 1987.

第二章

フィヒテ『フランス革命についての大衆の判断を正すための寄与』田村一郎訳、『フィヒテ全集』（第二巻）、一九九七年

エドマンド・バーク『フランス革命についての省察』（I・II巻）水田洋・水田珠枝訳、中公クラシックス、中央公論新社、二〇〇二年

フィヒテ『知識学あるいはいわゆる哲学の概念について』

フィヒテ『全知識学の基礎』

フィヒテ『新しい方法による知識学』

フィヒテ『哲学における精神と文字の区別について』

エルンスト・プラットナー『哲学史への若干の手引きを含む哲学的箴言』

Ernst Platner, *Philosophische Aphorismen: nebst einigen Anleitungen zur philosophischen Geschichte*. Aetas Kantiana, Bd. 203, 1970.

フィヒテ『プラットナー「哲学的箴言」にかんする遺稿集　一七九四～一八一二年』

Fichte, *Nachgelassene Schriften zu Platners philosophischen Aphorismen, 1794-1812. J. G. Fichte Gesamtausgabe*, II. 4, Der Bayerischen Akademie der Wissenschaften. 1976

フリードリヒ・マイネッケ『歴史主義の成立』（上）菊盛英夫・麻生建訳、筑摩叢書、第一〇四巻、一九六八年

第三章

シェリング『超越論的観念論の体系』

F. W. J. Schelling, *System des transzendentalen Idealismus*. Philosophische Bibliothek, Bd. 254, Felix Meiner Verlag, Hamburg 1957.

『ソクラテス以前哲学者断片集』（第二分冊）、内山勝利ほか訳、岩波書店、二〇〇八年

松山壽一『人間と自然』萌書房、二〇〇四年

シェリング『人間的自由の本質』渡辺二郎訳、『世界の名著』（続九）、中央公論社、一九七四年

シェリング『自然哲学に関する考案』松山壽一訳、『シェリング著作集』（第一b巻）、燈影舎、二〇〇九年

シェリング『宇宙霊について』松山壽一訳、『シェリング著作集』（第一b巻）、燈影舎、二〇〇九年

シェリング『私の哲学体系の叙述』北澤恒人訳、『シェリング著作集』（第三巻）、燈影舎、二〇〇六年

シェリング『哲学体系の詳述』石川求・伊坂青司訳、『シェリング著作集』（第三巻）、燈影舎、二〇〇六年

ヘーゲル『精神現象学』長谷川宏訳、作品社、一九九八年

G. W. F. Hegel, *Werke in zwanzig Bänden*, Bd. 3 *Phänomenologie des Geistes*, Theorie Werkausgabe, Suhrkamp Verlag, Frankfurt am Main 1970.

マルティン・ハイデガー『シェリング講義』木田元・迫田健一訳、新書館、一九九九年

ユルゲン・ハーバーマス『哲学的・政治的プロフィール』（上）小牧治・村上隆夫訳、未來社、一九九九年

ステファン・モーゼス『体系と啓示——フランツ・ローゼンツヴァイクの哲学』

Stéphane Mosès, *System und Offenbarung, Die Philosophie Franz Rosenzweigs*. Wilhelm Fink Verlag,

München 1985.

シェリング『世界時間論』(一八一三年の草稿)

F. W. J. Schelling, *Die Weltalter Fragmente*, herg. Von Manfred Schröter. *Schellings Werke Nachlaßband*, München 1993.

第四章

ジャン・イポリット『ヘーゲル精神現象学の生成と構造』(上・下巻) 市倉宏祐訳、岩波書店、一九七二〜七三年

ヘーゲル『精神現象学』

ルートヴィヒ・フォイエルバッハ『ヘーゲル哲学の批判のために』船山信一訳、『フォイエルバッハ全集』(第一巻)、福村出版、一九七四年

アレクサンドル・コジェーヴ『ヘーゲル読解入門――「精神現象学」を読む』上妻精・今野雅方訳、国文社、一九八七年

ジョルジュ・ルカーチ『若きヘーゲル』生松敬三・元浜清海・木田元訳、『ルカーチ著作集』(第一〇巻・第一一巻)、白水社、一九八七年

ヘーゲル『歴史哲学講義』(上)(下) 長谷川宏訳、岩波文庫、一九九三〜九四年

ソポクレス『アンティゴネ』呉茂一訳、『ギリシア悲劇』(第二巻)、ちくま文庫、二〇〇二年

ヨアヒム・リッター『ヘーゲルとフランス革命』出口純夫訳、理想社、一九六六年

リヒャルト・クローナー『ドイツ観念論の発展――カントからヘーゲルまで』(第一巻)

「ドイツ観念論最古の体系プログラム」、寄川条路編訳『初期ヘーゲル哲学の軌跡』ナカニシヤ出版、二〇〇六年

あとがき
ヘーゲル『精神現象学』
フランツ・ローゼンツヴァイク『救済の星』村岡晋一・細見和之・小須田健訳、みすず書房、二〇〇九年

参考文献

（日本語で読める文献だけに限る、また引用文献であげたものは除く）

＊ドイツ観念論全般

○ニコライ・ハルトマン『ドイツ観念論の哲学』（第一巻フィヒテ、シェリング、ロマン主義）村岡晋一監訳、迫田健一・瀬島貞徳・吉田達・平田裕之訳、作品社、二〇〇四年

ラインホルト、シュルツェ、マイモンなどカントをフィヒテにつなぐ思想家たちや、シュレーゲル、ノヴァーリスなどのロマン主義者たちが、ドイツ観念論の文脈で解説されているのが特徴。第二巻ヘーゲルは未刊。

○エルンスト・カッシーラー『認識問題』第三巻、須田朗・宮武昭・村岡晋一訳、みすず書房、二〇一三年

フィヒテ、シェリング、ヘーゲルだけでなく、ヤコービ、ラインホルト、マイモンなどフィヒテにいたるまでの思想的展開と、ヘルバルト、ショーペンハウアー、フリースなどヘーゲル以後の展開を叙述する。

○大橋良介編『ドイツ観念論を学ぶ人のために』世界思想社、二〇〇五年

ドイツ観念論のわかりやすい入門書。第一部でドイツ観念論の受容史、第二部で問題史が述べられ、第三部で主要著作が解説される。

＊カント

全集

○『カント全集』（全二二巻・別巻一）岩波書店、一九九九〜二〇〇六年

もっとも新しいカント全集。全巻完結。

『純粋理性批判』の翻訳

○熊野純彦訳、作品社、二〇一二年

『純粋理性批判』の最新訳。残念ながら著者には十分に参照する時間的余裕がなかった。

○天野貞祐訳（四分冊）講談社学術文庫、一九七六年

古典的で読みやすい翻訳。著者もこれでカントを学んだ。

『純粋理性批判』の解説書

○マルティン・ハイデガー『カントと形而上学の問題』門脇卓爾・ハルトムート・ブフナー訳、『ハイデッガー全集』第三巻、創文社、二〇〇三年

新カント派の解釈を退けて、『批判』を認識論ではなく形而上学の立場から解釈しなおした名著。

○マルティン・ハイデガー『カントの純粋理性批判の現象学的解釈』石井誠士・仲原孝・セヴェリン・ミュラー訳、『ハイデッガー全集』第二五巻、創文社、一九九七年

『批判』全体にたいする行き届いた丁寧な解説書。

伝記

○エルンスト・カッシーラー『カントの生涯と学説』門脇卓爾・高橋昭二・浜田義文他訳、みすず書房、一九八六年

新カント派（マールブルク学派）の俊英によるカントの生涯と思想全体の解説。

○アルセニイ・グリガ『カント　その生涯と思想』西牟田久雄・浜田義文訳、叢書ウニベルシタス、法政大学出版局、一九八三年

カントについての豊富なエピソードをちりばめた読みやすい伝記。

＊フィヒテ

全集

○『フィヒテ全集』（全二三巻・補巻一）晢書房、一九九五年〜

伝記

○フリッツ・メディクス『フィヒテの生涯』隈元忠敬訳、『フィヒテ全集』（補巻）所収、晢書房、二〇〇六年

著者メディクスは新カント派に属し、『フィヒテ全集』（全六巻、一九〇八〜一二年）の編集者。

解説書

○マンフレート・ブール『革命と哲学』藤野渉・小栗嘉浩・副吉勝男訳、りぶらりあ選書、法政大学出版局、一九七六年
フランス革命とフィヒテ哲学の関係をマルクス主義的な立場から考察した論考。

○ディーター・ヘンリッヒ『フィヒテの根源的洞察』座小田豊・小松恵一訳、叢書ウニベルシタス、法政大学出版局、一九八六年
二つの論文の邦訳。フィヒテの「自我」と「自己意識」の概念の発展が詳細に検討されている。

○『フィヒテ・シェリング往復書簡』座小田豊・後藤嘉也訳、叢書ウニベルシタス、法政大学出版局、一九九〇年
二人の関係の深まりと離反を追跡することができる。ワルター・シュルツの解説付き。

＊シェリング

著作集

○『シェリング著作集』（全五巻・全八冊）燈影舎、二〇〇六年〜
現在、「自然哲学」（第一b巻）、「同一哲学と芸術哲学」（第三巻）、「自由の哲学」（第四a巻）、「啓示の哲学」（第五b巻）が刊行されている。

解説書

○西川富雄監修『シェリング読本』法政大学出版局、一九九四年
シェリングの自然論（第一章）、芸術論（第二章）、神話論（第三章）、自由論（第四章）を解説し、現代への影響（第五章）を考察する。

○カール・ヤスパース『シェリング』那須政玄・山本冬樹・高橋章仁訳、行人社、二〇〇六年
シェリングの人と著作を概観したのち、彼の「存在の思考」、とくにポテンツ論を解説する。

○ヘーゲル『理性の復権――フィヒテとシェリングの哲学体系の差異』山口祐弘・山田忠彰・星野勉訳、批評社、一九九四年
イエナ講師時代のヘーゲルが、シェリングの立場

に与してフィヒテ思想との相違を解説した論考。

○松山壽一・加國尚志編著『シェリング自然哲学への誘い』、『シェリング論集』（第四巻）、晃洋書房、二〇〇四年
第一部ではシェリング自然哲学の発展が、第二部ではその現代的意義が考察される。

＊ヘーゲル
全集
○『ヘーゲル全集』（全二〇巻三二冊）岩波書店、一九七〇年〜

伝記
○カール・ローゼンクランツ『ヘーゲル伝』中埜肇訳、みすず書房、一九八三年
生前のヘーゲルを知っていた最後の弟子による古典的な伝記。いまは失われたヘーゲルの文書も含まれている。

○ホルスト・アルトハウス『ヘーゲル伝――哲学の英雄時代』山本尤訳、叢書ウニベルシタス、法政大学出版局、一九九九年
ヘーゲルの詳細な伝記。ヘーゲルの生涯と思想の結びつきに焦点を当てている。

『精神現象学』の解説書
○長谷川宏『ヘーゲル「精神現象学」入門』講談社選書メチエ、一九九九年
『精神現象学』訳者によるわかりやすい入門書。

○加藤尚武編『ヘーゲル「精神現象学」入門〔新版〕』有斐閣選書、一九九六年
加藤尚武編『ヘーゲル「精神現象学」入門』講談社学術文庫、二〇一二年
ヘーゲル研究者たちによるアンソロジー。

○熊野純彦『ヘーゲル――〈他なるもの〉をめぐる思考』筑摩書房、二〇〇二年
ヘーゲル思想全般の考察だが、『精神現象学』の承認論などが解説されている。

［サ］

索引

［ア］

［カ］

ドイツ観《かん》念《ねん》論《ろん》

カント・フィヒテ・シェリング・ヘーゲル

二〇一二年　八月一〇日　第一刷発行
二〇二五年一〇月　三日　第六刷発行
著者　村《むら》岡《おか》晋《しん》一《いち》
発行者　篠木和久
発行所　株式会社 講談社
東京都文京区音羽二丁目一二―二一　〒一一二―八〇〇一
電話（編集）〇三―三九四五―三五一二
（販売）〇三―五三九五―五八一七
（業務）〇三―五三九五―三六一五
装幀者　奥定泰之
本文データ制作　講談社デジタル製作
本文印刷　信毎書籍印刷 株式会社
カバー・表紙印刷　半七写真印刷工業 株式会社
製本所　大口製本印刷 株式会社
KODANSHA
ISBN978-4-06-258534-7　Printed in Japan　N.D.C.115.1　256p　19cm

講談社選書メチエ　刊行の辞

書物からまったく離れて生きるのはむずかしいことです。百年ばかり昔、アンドレ・ジッドは自分にむかって「すべての書物を捨てるべし」と命じながら、パリからアフリカへ旅立ちました。旅の荷は軽くなかったようです。ひそかに書物をたずさえていたからでした。ジッドのように意地を張らず、書物とともに世界を旅して、いらなくなったら捨てていけばいいのではないでしょうか。

現代は、星の数ほどにも本の書き手が見あたります。読み手と書き手がこれほど近づきあっている時代はありません。きのうの読者が、一夜あければ著者となって、あらたな読者にめぐりあう。その読者のなかから、またあらたな著者が生まれるのです。この循環の過程で読書の質も変わっていきます。人は書き手になることで熟練の読み手になるものです。

選書メチエはこのような時代にふさわしい書物の刊行をめざしています。

フランス語でメチエは、経験によって身につく技術のことをいいます。道具を駆使しておこなう仕事のことでもあります。また、生活と直接に結びついた専門的な技能を指すこともあります。

いま地球の環境はますます複雑な変化を見せ、予測困難な状況が刻々あらわれています。

そのなかで、読者それぞれの「メチエ」を活かす一助として、本選書が役立つことを願っています。

一九九四年二月　　野間佐和子

ヘーゲル『精神現象学』入門　長谷川 宏
カント『純粋理性批判』入門　黒崎政男
知の教科書 ウォーラーステイン　川北 稔編
知の教科書 スピノザ　C・ジャレット　石垣憲一訳
知の教科書 ライプニッツ　F・パーキンズ　梅原宏司・川口典成訳
知の教科書 プラトン　M・エルラー　三嶋輝夫ほか訳
フッサール 起源への哲学　斎藤慶典
完全解読 ヘーゲル『精神現象学』　竹田青嗣　西 研
完全解読 カント『純粋理性批判』　竹田青嗣
分析哲学入門　八木沢 敬
ドイツ観念論　村岡晋一
ベルクソン＝時間と空間の哲学　中村 昇
精読 アレント『全体主義の起源』　牧野雅彦
ブルデュー 闘う知識人　加藤晴久
九鬼周造　藤田正勝
夢の現象学・入門　渡辺恒夫
熊楠の星の時間　中沢新一

ヨハネス・コメニウス　相馬伸一
アダム・スミス　高 哲男
ラカンの哲学　荒谷大輔
解読 ウェーバー『プロテスタンティズムの倫理と資本主義の精神』　橋本 努
新しい哲学の教科書　岩内章太郎
西田幾多郎の哲学＝絶対無の場所とは何か　中村 昇
アガンベン《ホモ・サケル》の思想　上村忠男
ドゥルーズとガタリの『哲学とは何か』を精読する　近藤和敬
使える哲学　荒谷大輔
ウィトゲンシュタインと言語の限界　ピエール・アド　合田正人訳
〈実存哲学〉の系譜　鈴木祐丞
パルメニデス　山川偉也
精読 アレント『人間の条件』　牧野雅彦
情報哲学入門　北野圭介
快読 ニーチェ『ツァラトゥストラはこう言った』　森 一郎
構造の奥　中沢新一

日本語に主語はいらない　金谷武洋
テクノリテラシーとは何か　齊藤了文
どのような教育が「よい」教育か　苫野一徳
感情の政治学　吉田　徹
マーケット・デザイン　川越敏司
「社　会《コンヴィヴィアリテ》」のない国、日本　菊谷和宏
権力の空間／空間の権力　山本理顕
地図入門　今尾恵介
国際紛争を読み解く五つの視座　篠田英朗
易、風水、暦、養生、処世　水野杏紀
丸山眞男の敗北　伊東祐吏
新・中華街　山下清海
ノーベル経済学賞　根井雅弘編著
日本論　石川九楊
丸山眞男の憂鬱　橋爪大三郎
危機の政治学　牧野雅彦
主権の二千年史　正村俊之

機械カニバリズム　久保明教
暗号通貨の経済学　小島寛之
電鉄は聖地をめざす　鈴木勇一郎
日本語の焦点　日本語「標準形《スタンダード》」の歴史　野村剛史
ワイン法　蛯原健介
MMT　井上智洋
手の倫理　伊藤亜紗
現代民主主義　思想と歴史　権左武志
やさしくない国ニッポンの政治経済学　田中世紀
物価とは何か　渡辺　努
SNS天皇論　茂木謙之介
英語の階級　新井潤美
目に見えない戦争　イヴォンヌ・ホフシュテッター　渡辺　玲訳
英語教育論争史　江利川春雄
人口の経済学　野原慎司
「社会」の底には何があるのか　菊谷和宏
楽しい政治　小森真樹